これ一冊で! 基礎を固める

快速マスター イタリア語

［新装版］

松浦弘明
（多摩美術大学教授）

語研

◉本書について

本書は，2013 年 10 月に刊行された『快速マスターイタリア語』の音声について，CD ブック仕様（CD を本に装着）から**「音声 DL 付き」**（**MP3 形式**）に仕様を変更した「新装版」です。また，テキストカバーのデザインを一新しました。内容面の変更については，変更はありません。

◉音声ダウンロードについて

本書の付属音声は無料でダウンロードできます。次の URL にアクセスして，ダウンロードしてご利用ください。

https://www.goken-net.co.jp/catalog/card.html?isbn=978-4-87615-392-3

または，右の QR コードからもアクセス可能です。

■ 音声の収録箇所は，マークと 3 桁のシリアル番号で表示しています。
■ 収録時間は約 2 時間 33 分です。

◉注意事項

■ ダウンロードで提供する音声は，複数のファイルを ZIP 形式で 1 ファイルにまとめています。ダウンロード後に復元してご利用ください。ダウンロード後に，ZIP 形式に対応した復元アプリを必要とする場合があります。
■ 音声ファイルは**MP3 形式**です。モバイル端末，パソコンともに，MP3 ファイルを自由な組み合わせで再生できるアプリを利用できます。
■ インターネット環境によってダウンロードできない場合や，ご使用の機器によって再生できない場合があります。
■ 本書の音声ファイルは，一般家庭での私的使用の範囲内で使用する目的で頒布するものです。それ以外の目的で本書の音声ファイルの複製・改変・放送・送信などを行いたい場合には，著作権法の定めにより，著作権者等に申し出て事前に許諾を受ける必要があります。

はじめに

多くの人にとってイタリア語はビジネスで必要というよりも，趣味が高じて学ぼうとする言語ではないでしょうか。イタリアは多方面の「楽しみ」を内包している国ですから，そのぶん学習目的も多様化します。ある人にとっては旅行に行った際に料理のメニューがわかったり，買い物ができるようになるために，またある人にとってはオペラを歌ったり，美術館のカタログを理解できるようになるためだったりするのでしょう。あるいは，サッカーやＦ１観戦に必要だという方もいらっしゃるかもしれません。そうなると，話す力，聴き取る力，読む力，書く力のうち，どこを重点的に勉強したいのかも人によって違ってきます。しかしながら，そのすべてのベースとなる文法の学習は，共通しておさえておくべき事柄と言えるでしょう。単なる旅行会話の丸暗記や表面的な学習はその場しのぎのもので，せっかく覚えた単語や文章もすぐに忘れてしまい，次のステップへとつながっていかないからです。

本書は，どのような学習目的を持っている方でも，マスターしておいたほうがよい基礎文法を，できるだけ楽しく，短期間で効率的に学習できるような目的で書かれました。全部で 30 課からなるので，頑張って一日 1 課ずつ学習していけば 1 か月で，1 週間に 1 課であれば 8 か月ほどで終了します。

もちろん，それですぐにイタリア語をペラペラに話せたり，スラスラ読めたりするようになるわけではありません。外国語学習がそれほど甘くはないことは，皆さんもすでに英語学習で嫌というほど思い知らされているのではないでしょうか。本書に書かれていることは，数学に例えると「公式集」のようなものです。数学で多くの問題を繰り返し解いていかなければ真の実力がつかないのと同じように，このテキストで身につけたことを「実践」していく必要があります。皆さんが本書を「卒業」したら，次はそれぞれの「楽しみ」に応じて，素敵な一歩を踏み出していただければいいのではないでしょうか。イタリア人の友人や恋人をつくる，映画やオペラを字幕なしで見てみる，イタリア語で日記をつけてみる，料理のレシピや小説を読んでみる，といった具合に。

語学学習は決して苦行ではありません。学習者本人が「楽しむ」ことが最大の効果を上げることを常に忘れないでください。

2013 年 8 月

松浦　弘明

目　次

第6課　簡単な文章を作ってみよう！（2）　32

第7課　簡単な文章を作ってみよう！（3）　40

第8課　動詞 essere の用法をマスターしよう！　48

第9課　動詞 avere の用法をマスターしよう！　58

第10課　-are 動詞の用法をマスターしよう！　66

第11課　-ere 動詞の用法をマスターしよう！　74

第12課　-ire 動詞の用法をマスターしよう！　84

第13課　-ire 動詞（イスコ型）の用法をマスターしよう！　92

第14課　基本的な不規則動詞の用法をマスターしよう！（1）　100

第15課　基本的な不規則動詞の用法をマスターしよう！（2）　110

第16課 準動詞の用法をマスターしよう！ 118

第17課 再帰動詞の用法をマスターしよう！ 128

第18課 命令法をマスターしよう！ 136

第19課 直説法近過去をマスターしよう！（1） 144

第20課 直説法近過去をマスターしよう！（2） 152

第27課　接続法現在・過去をマスターしよう！　196

第28課　接続法半過去・大過去をマスターしよう！　204

第29課　仮定文をマスターしよう！　210

第30課　直説法遠過去と前過去をマスターしよう！　216

【ネイティブ・チェック】 Elena Sato

【装丁】 神田 昇和
【吹き込み】 Andrea Civile
Elena Sato

本書の使い方

イタリア語を学ぶ際に，それぞれが掲げている目標が違えば，各文法事項についてもその習得目標は微妙に変わってきます。そこで本書では，各課を以下の５つの項目に分けています。

★まずはコレ！

もっとも基本的な事項ですので，必ずマスターしてください。

★次にコレ！

とても大切な事項ですので，確実にマスターしてください。

★さらにコレ！

ここまでは必要だと思うので，なるべくマスターするようにしましょう。

★余裕があれば！

できればマスターしておくといいでしょう。

★最後にコレ！

音声を使って，基本的な会話力を鍛えます。

各項目の**ポイント**には，重要事項をまとめてありますので，そこに記されている事柄をしっかり理解・暗記していってください。そしてそれらをマスターする手助けとして，**▶声に出して言ってみよう** があります。会話でも読解でも，基本となるのは作文力です。簡単な文章をできるだけスムーズにイタリア語に変換できる能力を身につけましょう。**音声を聴いて答えよう！** はイタリア語の発音に慣れるための練習問題です。音声の問いかけに対して，音声を一時停止して自由に応答してみましょう。答え方の一例は音声に収録されているので巻末の［解答例］とともに参考にしてください。

巻末の**付録**には文法の基本事項を簡潔にまとめたので，復習の際に役立ててください。また，イタリア語では動詞の活用を覚えていくのに一苦労すると思いますが，ここでは活用が似ている法や時制をひとつのグループにして，覚えやすい表を作成しました。うまく利用して，動詞の活用をしっかり暗記してください。

快速マスター
イタリア語

文字と発音,
基本文型と基本語彙,
必修文法をマスター!

第1課　発音の基本をマスターしよう！

★まずはコレ！

1 アルファベット

001

イタリア語のアルファベットは以下の21文字です。

a	b	c	d	e	f	g
[アー]	[ビー]	[チー]	[ディ]	[エー]	[エッフェ]	[ジー]
h	i	l	m	n	o	p
[アッカ]	[イー]	[エッレ]	[エンメ]	[エンネ]	[オー]	[ピー]
q	r	s	t	u	v	z
[クー]	[エッレ]	[エッセ]	[ティ]	[ウー]	[ヴー]	[ゼータ]

英語と比べると以下の文字が欠けており，これらは基本的に外来語にしか用いません。

j	k	w	x	y
[イルンゴ]	[カッパ]	[ドッピオヴー]	[イックス]	[イプスィロン]

重要なのは**5つの母音**（a, e, i, o, u）なので，最初の段階ではそれらの言い方を覚えておけばよいでしょう。

2 イタリア語の発音

002

イタリア語は基本的に，子音と母音でひとつの音節を作ります。母音の発音は日本語の「あ」「い」「う」「え」「お」に似ており，そのためイタリア語は日本人にとって，英語やフランス語よりも聴き取りやすく発音しやすい言語と言えます。

発音で重要なのはアクセントの位置です。もっとも多いのは，後ろから2番目の音節に置かれるケースですが，後ろから3番目や最後尾の音節に置かれることもあります。また，アクセントが置かれた音節の母音は長音（のばす音）になるのが原則ですが，直後に子音が重なっている場合は，長音にはなりません。

アクセントが後ろから２番目の音節で長音

□ Italia ［イターリア］　□ Milano ［ミラーノ］　□ gelato ［ジェラート］（アイスクリーム）
□ domani ［ドマーニ］（明日）　□ Maria ［マリーア］　□ Prada ［プラーダ］
□ Armani ［アルマーニ］　□ nero ［ネーロ］（黒い）　□ piano ［ピアーノ］（平らな；階；ピアノ）
□ fermata ［フェルマータ］（停留所，停車駅）

アクセントが後ろから２番目の音節だが，長音にはならないもの

□ Gucci ［グッチ］　□ Giovanni ［ジョヴァンニ］　□ penna ［ペンナ］（ペン）
□ ponte ［ポンテ］（橋）　□ porta ［ポルタ］（扉）　□ forte ［フォルテ］（強い）
□ pasta ［パスタ］（パスタ）

アクセントが後ろから３番目の音節にあるもの

□ Napoli ［ナーポリ］　□ Padova ［パードヴァ］　□ telefono ［テレーフォノ］（電話）
□ opera ［オーペラ］（作品，オペラ）　□ musica ［ムーズィカ］（音楽）

アクセントが最後尾の音節にあるもの

□ caffè ［カッフェ］（コーヒー）　□ città ［チッタ］（都市，町）　□ università ［ウニヴェルスィタ］（大学）

003

▶声に出して言ってみよう①

1. Italia　2. Milano　3. Napoli　4. Prada
5. Armani　6. gelato　7. fermata　8. telefono

★次にコレ！

注意すべき子音（1） b と v

004

b［ビー］と v［ヴー］をきちんと区別して発音できるようにしましょう。ba, be, bi, bo, bu は特に意識することなく［バ］［ベ］［ビ］［ボ］［ブ］と言えば OK です。一方，va, ve, vi, vo, vu は上の歯で下唇を噛みながら，勢いよく息を吐き出して発音してください。一般にこの音は［ヴァ］［ヴェ］［ヴィ］［ヴォ］［ヴ］と表記されます。

b と v

□ Bari［バーリ］	□ bianco［ビアンコ］(白い)	□ banca［バンカ］(銀行)
□ Verona［ヴェローナ］	□ vino［ヴィーノ］(ワイン)	□ via［ヴィーア］(通り，道；向こうへ)

注意すべき子音（2） l と r

005

l［エッレ］と r［エッレ］も，区別して発音できるようにしましょう。la, le, li, lo, lu は意識せずに［ラ］［レ］［リ］［ロ］［ル］と言えば OK です。一方，ra, re, ri, ro, ru は強い息を吐き出しながら巻き舌で発音します。日本語にはその音を表記する手段がないので，やはり［ラ］［レ］［リ］［ロ］［ル］となってしまいますが，できれば巻き舌をマスターして，正確に発音できるようになってください。

l と r

□ Livorno［リヴォルノ］	□ Leonardo［レオナルド］	□ leone［レオーネ］(ライオン)
□ Roma［ローマ］	□ Rita［リータ］	□ rana［ラーナ］(カエル)

注意すべき子音（3） 二重子音

006

同一の子音が重なる二重子音の場合，基本的にその直前の音が促音になります。つまり［ッ］が入ってつまった音になるということです。ただし，その二重子音の部分で音節が分かれる場合は促音にはなりません。

二重子音

□ Giappone [ジャッポーネ](日本)　□ Botticelli [ボッティチェッリ]　□ Filippo [フィリッポ]
□ risotto リゾット　□ oggi [オッジ](今日)　□ rosso [ロッソ](赤い)
□ Anna [アンナ]　□ penna [ペンナ](ペン)　□ donna [ドンナ](女性)

007

▶声に出して言ってみよう②

1. Bari　2. Verona　3. Roma　4. Livorno　5. Giappone
6. bianco　7. vino　8. leone　9. rana　10. rosso

★さらにコレ！

6 注意すべき子音（4） h

008

h［アッカ］はローマ字とは異なり無声音で発音しません。したがって，ha，he，hi，ho，hu は［ハ］［ヘ］［ヒ］［ホ］［フ］ではなく，［ア］［エ］［イ］［オ］［ウ］と発音します。

子音 h

□ ho [オ](私は持つ)　□ hai [アイ](きみは持つ)　□ hotel [オテル](ホテル)

7 注意すべき子音（5） c

009

c［チー］は a, o, u と組み合わせる場合は，**ca**［カ］**co**［コ］**cu**［ク］となり，e や i と組み合わせると，**ce**［チェ］**ci**［チ］となります。なお，ローマ字では **che** や **chi** は［チェ］［チ］となりますが，イタリア語では［ケ］［キ］と発音します。

子音 c

□ Corea [コレーア](韓国)　□ casa [カーザ](家)　□ cane [カーネ](犬)
□ Cina [チーナ](中国)　□ cioccolata [チョッコラータ](チョコレート)　□ cena [チェーナ](夕食)
□ Chianti キャンティ　□ chitarra [キタッラ](ギター)　□ che [ケ](何の)

8 注意すべき子音（6） g

010

g［ジー］はa，o，uと組み合わせる場合は，ga［ガ］go［ゴ］gu［グ］となり，eやiと組み合わせる場合は，ge［ジェ］gi［ジ］となります。gheは［ゲ］，ghiは［ギ］です。一方，gnaやgnoは［グナ］［グノ］ではなく，［ニャ］［ニョ］となります。また，gliは［グリ］ではなく，i［イ］の口をしながらli［リ］と発音し，単語の途中に来る場合は二重子音のように直前の音を促音にしてください。

子音g

□ Galileo［ガリレーオ］　□ galleria［ガッレリーア］(画廊)　□ gomma［ゴンマ］(消しゴム)
□ Germania［ジェルマーニア］(ドイツ)　□ Genova［ジェーノヴァ］　□ giacca［ジャッカ］(上着)
□ Ghiberti［ギベルティ］　□ ghiaccio［ギアッチョ］(氷)
□ spaghetti［スパゲッティ］(スパゲティ)　□ Spagna［スパーニャ］(スペイン)
□ Bologna［ボローニャ］　□ lasagna［ラザーニャ］(ラザニア)
□ gli［イとりの中間音］　□ famiglia［ファミッリア］(家族)　□ moglie［モッリエ］(妻)

9 注意すべき子音（7） s

011

s［エッセ］は母音と組み合わせると，sa［サ］se［セ］si［スィ］so［ソ］su［ス］となります。これらは母音と母音に挟まれた場合などにおいては濁って，［ザ］［ゼ］［ズィ］［ゾ］［ズ］となることもあります。また，siが［シ］と発音しないことに注意してください。［シ］の音はsciと記します。scはa，o，uと組み合わせる場合は，sca［スカ］sco［スコ］scu［スク］で，eやiと組み合わせると，sce［シェ］sci［シ］となります。

子音s

□ Salerno［サレールノ］　□ Siena［スィエーナ］　□ Salvatore［サルヴァトーレ］
□ Assisi［アッスィーズィ］　□ casa［カーザ］(家)　□ museo［ムゼーオ］(博物館，美術館)
□ Scozia［スコーツィア］　□ scala［スカーラ］(階段)　□ scuola［スクオーラ］(学校)
□ Brescia［ブレーシャ］　□ sci［シー］(スキー)　□ scena［シェーナ］(舞台)

▶声に出して言ってみよう③

1. hotel　2. casa　3. cena　4. Chianti　5. galleria
6. Genova　7. ghiaccio　8. lasagna　9. famiglia　10. Siena
11. scuola　12. scena

★最後にコレ！

音声を聴いて答えよう！

音声を聴いて，単語を書き取ってみてください。

1.	
2.	
3.	
4.	
5.	
6.	
7.	
8.	
9.	
10.	
11.	
12.	

第2課　あいさつの表現をマスターしよう！

★まずはコレ！

基本的なあいさつ

014

時間帯によってあいさつの仕方は異なります。朝起きてから昼過ぎの 15 時頃までは“**Buon giorno.**”，その後は“**Buona sera.**”，寝る前に“**Buona notte.**”と覚えておくといいでしょう。

□	Buon giorno.	おはようございます。／こんにちは。
□	Buona sera.	こんばんは。
□	Buona notte.	おやすみなさい。
□	Arrivederci.	さようなら。

② 呼びかけ方

015

男性には signore，女性は既婚者には signora，未婚者には signorina となります。後ろに固有名詞をもってきて，「～さん」と呼びかけるときは，signore の場合のみ，語尾母音 e が消えます。

□	**signore**	男性に呼びかける場合
□	**signor Neri**	（男性の）ネーリさん
□	**signora**	既婚女性に呼びかける場合
□	**signora Neri**	（既婚女性の）ネーリさん
□	**signorina**	未婚女性に呼びかける場合
□	**signorina Neri**	（未婚女性の）ネーリさん

＊近年では **signorina** はあまり使わなくなっています。

□	Buon giorno, signor Neri !	こんにちは，（男性の）ネーリさん。
□	Buon giorno, signora Neri !	こんにちは，（女性の）ネーリさん。

016

▶声に出して言ってみよう①

イタリア語で言ってみてください。

1. こんばんは,(男性の)ネーリさん。
2. こんばんは,(既婚女性の)ネーリさん。
3. さようなら,(既婚女性の)ネーリさん。

★次にコレ!

3 相手によってあいさつを使い分ける

017

イタリア語では相手との関係によってあいさつの仕方が異なります。**ポイント①**のあいさつは,きちんとしたあいさつの仕方です。よく知っている間柄の場合は,通常,姓ではなく名前で呼びかけ,言い方も変わります。例えばMarco Neriという男性と鈴木えみさんという女性の会話は,その関係によって以下のように変わってきます。

□	Buon giorno, signor Neri ! – Buon giorno, signora Suzuki !	こんにちは,ネーリさん。 — こんにちは,鈴木さん。
□	Arrivederci, signor Neri ! – Arrivederci, signora Suzuki !	さようなら,ネーリさん。 — さようなら,鈴木さん。

□	Ciao, Marco !	やあ[じゃあね],マルコ。
□	– Ciao, Emi !	— やあ[じゃあね],エミ。

* **Buon giorno** と **Ciao** は,会ったときも別れ際にも使います。

4 親称 tu と敬称 Lei

日本語では相手が年上や目上の人だと敬語を用いますが,イタリア語では相手との親密度によって言い方が変わります。したがって年齢の異なるふたりが会話する場合でも,年下の者が敬語で話す一方で,年上の者がくだけた言い方で話すということは,基本的にありません。

相手に対して日本語では，「きみは」「おまえは」「あなたは」「あなたさまは」など様々な言い方がありますが，イタリア語では親しい間柄では **tu** を，そうではない場合は **Lei** を用います。日本語の正確な訳は状況によって異なるので難しいですが，本書では便宜上，tu は「きみは」，Lei は「あなたは」と訳すことにします。

tu	【親称】「きみは」
Lei	【敬称】「あなたは」

あいさつの決まり文句（1）

018

知人と会ったとき，あいさつだけではなく，相手の健康状態もあわせて聞くのが一般的です。その際，tu と Lei では言い方が微妙に異なるので，使い分けられるようにしましょう。

□	Come sta ? – (Sto) bene, grazie. E Lei ?	《敬称の相手に》ご機嫌いかがですか。 — おかげさまで元気です。あなたはいかがですか。
□	Come stai ? – (Sto) bene, grazie. E tu ?	《親称の相手に》ご機嫌いかが？ — おかげで元気だよ。きみはどう？

＊**come** は「どのように」という意味の疑問詞，**sto**，**stai**，**sta** は **stare**「～の状態である」という動詞が主語によって変化したものです（→ 14 課）。答えるときの **sto** はしばしば省略されます。**bene** は「元気で，よく」，**grazie** は「ありがとうございます」，**e** は「そして」という意味です。

019

▶声に出して言ってみよう②

イタリア語で言ってみてください。

1. こんにちは，（男性の）ネーリさん。ご機嫌いかがですか。
   — おかげさまで元気です。あなたはいかがですか。
2. やあ，マルコ。ご機嫌いかが？
   — おかげで元気だよ。きみはどう？

★さらにコレ！

名前の聞き方と答え方

020

名前を言うためには，**chiamarsi**「自分自身に～と呼ぶ」という再帰動詞を用います。文法的には先で学ぶことですが（→ 17 課），重要な表現なので丸暗記してしまいましょう。

□	Come si chiama (Lei) ? – Mi chiamo Marco Neri.	お名前は何とおっしゃるのですか。 — マルコ・ネーリと申します。
□	Come ti chiami ? – Mi chiamo Marco.	名前は何というの？ — マルコといいます。

＊**chiamo**, **chiami**, **chiama** は **chiamare**「呼ぶ」が主語によって変化したものです。**mi** は「私自身に」，**ti** は「きみ自身に」，**si** は「あなた自身に」という意味です。名前を聞くときの主語はしばしば省略されます。

あいさつの決まり文句（2）

021

以下の決まり文句もよく使うので覚えておくといいでしょう。

□	Piacere !	はじめまして。
□	Buona giornata !	よい一日を。
□	Buona serata !	よい夜を。
□	Sogni d'oro !	すてきな夢を。
□	Non c'è male, grazie.	おかげさまで元気です。
□	Così (e) così.	（調子は）まずまずです。

＊**sogni** は「夢」，**d'oro** は「金の」という意味です。**non c'è male** は直訳すると「悪いところはない」となります。

022

▶声に出して言ってみよう③

イタリア語で言ってみてください。

1. はじめまして。
   — はじめまして。
2. お名前は何とおっしゃるのですか。
   — マルコ・ネーリと申します。
3. 名前は何というの？
   — マルコといいます。

★最後にコレ！

音声を聴いて答えよう！

023

以下のヒントをもとに音声の問いかけに答えてみてください。

1.	初対面の相手に対して
2.	自分の名前
3.	あいさつ
4.	あいさつ

CARTA D'ITALIA

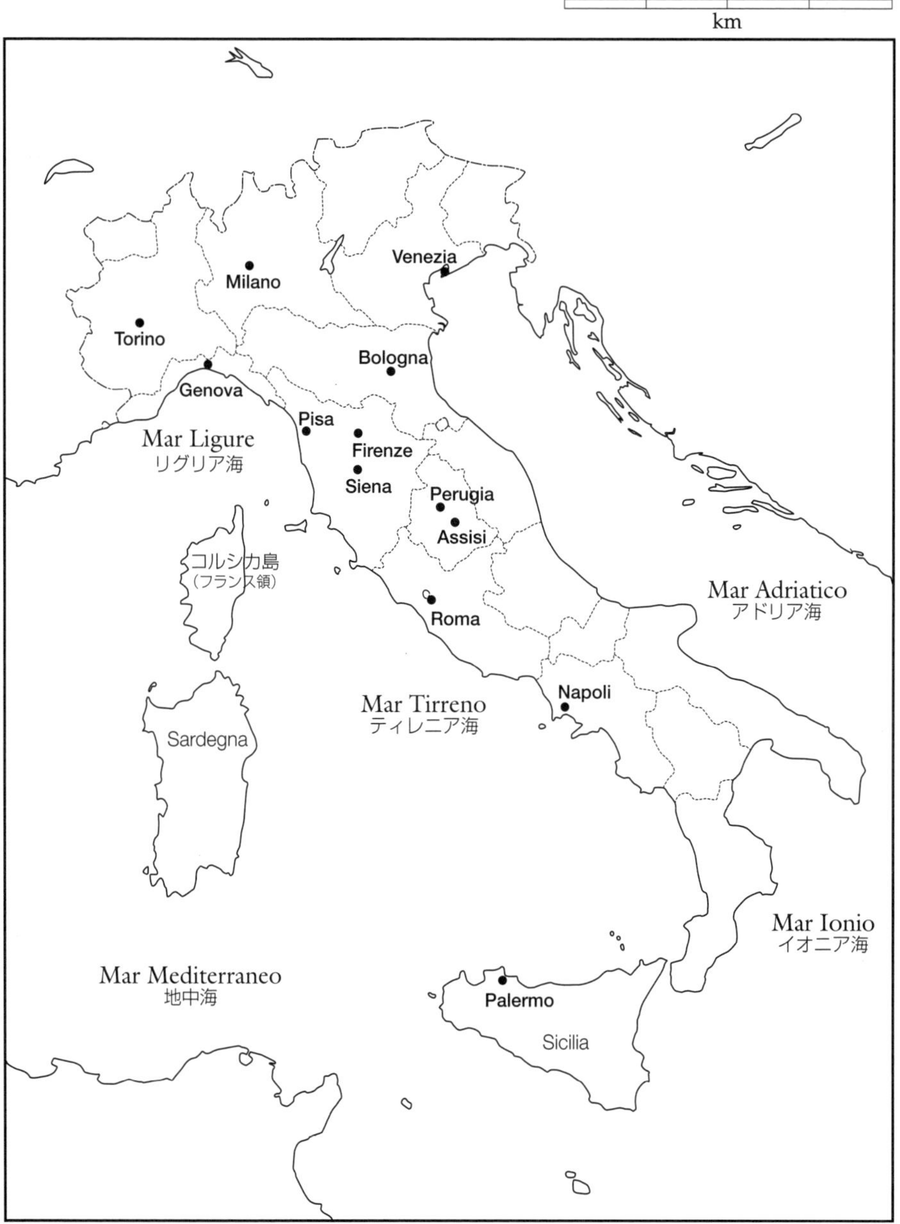

第3課　名詞と不定冠詞の使い方をマスターしよう！

★まずはコレ！

男性名詞 (-o) と女性名詞 (-a)

024

イタリア語ではすべての名詞に性があり，その多くは語尾が -o か -a か -e で終わります。いくつかの例外はありますが，語尾が -o だと男性名詞，-a だと女性名詞と覚えておくといいでしょう。語尾が -e の名詞は**ポイント⑥**で扱います。

男性名詞

□	panino	サンドイッチ
□	gelato	アイスクリーム
□	piatto	皿，料理
□	cucchiaio	スプーン

女性名詞

□	pizza	ピザ
□	torta	ケーキ
□	tazza	カップ
□	forchetta	フォーク

単数名詞にかかる不定冠詞

025

不特定の名詞を指して「ある～」とか「ひとつの～」と言いたい場合，英語では a を用いますが，イタリア語では基本的に男性名詞の前には un，女性名詞の前には una を置きます。名詞が母音で始まっている場合などについては 7 課で学びます。

□	un panino	1 個のサンドイッチ
□	un gelato	1 個のアイスクリーム
□	una pizza	1 枚のピザ
□	una torta	1 個のケーキ

バールでの決まり文句

026

イタリアには町のあちらこちらに，bar と呼ばれる気軽にコーヒーやサンドイッチを楽しめる店があります。そこでの決まり文句を覚えて，簡単な会話にチャレンジしてみましょう。

店員 barista が注文を聞いてくる表現

□	Desidera ?	ご要望は（何ですか）？
□	Mi dica !	（ご注文を）私におっしゃってください。

店員を呼びとめる表現

□	Senta !	すみません。
□	Scusi !	すみません。

もっとも簡単な注文の表現

～, per favore !	～をお願いします。

□	Un panino, per favore !	サンドイッチをひとつお願いします。
□	Una pizza, per favore !	ピザをひとつお願いします。

027

▶声に出して言ってみよう①

イタリア語で言ってみてください。

1. すみません，アイスクリームをひとつお願いします。
2. すみません，スプーンをひとつお願いします。
3. すみません，フォークをひとつお願いします。

★次にコレ！

4 名詞の複数形

028

英語では名詞を複数形にする際に基本的に語尾に -s を付けますが，イタリア語では語尾母音を変えます。例外はありますが，語尾が -o の男性名詞は -i に，-a の女性名詞は -e にすると複数になると覚えておくといいでしょう。

男性名詞		女性名詞	
単数形	複数形	単数形	複数形
-o	-i	-a	-e
□ panino	panini	pizza	pizze

単数	複数	意味
□ gelato	gelati	アイスクリーム
□ cucchiaio	cucchiai	スプーン《複数形は cucchiaii にはなりません》
□ torta	torte	ケーキ
□ tazza	tazze	カップ

5 「2 個の」「3 個の」という言い方

029

複数名詞の前に数詞を置くと，「〜個の」［名詞］となります。「2 個の」は due,「3 個の」は tre と言います。「ひとつの」ときとは異なり，名詞の性によって言い方が変わるわけではありません。

due ＋ 複数名詞	2 個の ［名詞］
tre ＋ 複数名詞	3 個の ［名詞］

□ due panini	2 個のサンドイッチ
□ due pizze	2 枚のピザ
□ tre piatti	3 枚の皿
□ tre tazze	3 個のカップ

030

▶声に出して言ってみよう②

イタリア語で言ってみてください。

1. すみません，アイスクリームを 2 個お願いします。
2. すみません，ピザを 3 枚お願いします。
3. すみません，スプーンを 2 つお願いします。
4. すみません，フォークを 3 つお願いします。

★さらにコレ！

語尾が -e の名詞

031

語尾が -e の名詞は語尾だけでは性を判断できないので，各単語ごとに覚えていく必要があります。取りあえずは以下の 6 つの名詞を覚えましょう。また，語尾が -e の名詞の複数形は，性に関係なく語尾が -i になります。

男性名詞　(　) 内は複数形

□	giornale (giornali)	新聞
□	bicchiere (bicchieri)	グラス，コップ
□	studente (studenti)	男子学生

女性名詞　(　) 内は複数形

□	canzone (canzoni)	歌，カンツォーネ
□	chiave (chiavi)	鍵
□	stazione (stazioni)	駅

飲み物を表す名詞

032

バールで提供している主な飲み物を表す名詞を覚えておくと，旅行の際に役立つはずです。

男性名詞

□	caffè	コーヒー
□	cappuccino	カプチーノ
□	tè	お茶（基本的には紅茶を指す）
□	vino	ワイン
□	succo	ジュース

女性名詞

□	acqua	水
□	birra	ビール
□	cioccolata	ココア
□	camomilla	カモミール茶
□	grappa	グラッパ

8 飲み物を数えるようにする言い方 033

液体は基本的に不可算名詞なので，文法的には un や una，あるいは数字を前に置くことはおかしいのですが，日常生活では un caffè とか una birra といった言い方はよくします。ただし正確に言うためには，以下のような表現も覚えておいた方がいいでしょう。

□	**un bicchiere di ～**	1 杯の～（ワイン，ビール，水，ジュースなど）
□	**due bicchieri di ～**	2 杯の～
□	**una tazza di ～**	1 杯の～（コーヒー，カプチーノ，紅茶など）
□	**due tazze di ～**	2 杯の～
□	**una bottiglia di ～**	1 ボトルの～（ワイン，ビール，水，ジュースなど）
□	**tre bottiglie di ～**	3 ボトルの～
□	**una lattina di ～**	1 缶の～（ビール，ジュースなど）
□	**tre lattine di ～**	3 缶の～

□	Un bicchiere di vino, per favore !	ワインをグラスでひとつお願いします。
□	Due bicchieri di vino, per favore !	ワインをグラスでふたつお願いします。
□	Una bottiglia di vino, per favore !	ワインをボトルでひとつお願いします。
□	Due bottiglie di vino, per favore !	ワインをボトルでふたつお願いします。

034

▶声に出して言ってみよう③

イタリア語で言ってみてください。

1. ビールをグラスでひとつお願いします。
2. コーヒーを 1 杯お願いします。
3. ビールをグラスで 3 つお願いします。
4. カプチーノを 3 杯お願いします。

★最後にコレ！

音声を聴いて答えよう！

035

以下のヒントをもとに音声の問いかけに答えてみてください。

1.	サンドイッチをひとつ
2.	ピザを 2 枚
3.	ビールをグラスでひとつ
4.	コーヒーを 2 杯

第4課　定冠詞と形容詞の使い方をマスターしよう！

★まずはコレ！

基本的な定冠詞　036

何か特定の名詞，あるいはその名詞全体のことを言いたい場合は定冠詞を名詞の前に置きます。英語の the にあたるものですが，イタリア語では名詞の性や数，最初の文字によって全部で７つあります（→６課）。ここではそのうち，子音で始まる大半の名詞の前に置く４つを覚えましょう。

	il 男性単数名詞	i 男性複数名詞	
□	il panino	i panini	（特定の）サンドイッチ
□	il giornale	i giornali	（特定の）新聞

	la 女性単数名詞	le 女性複数名詞	
□	la pizza	le pizze	（特定の）ピザ
□	la chiave	le chiavi	（特定の）鍵

＊日本人には不定冠詞と定冠詞の使い分けは難しいですが，最初の段階はあまり気にしないでいいと思います。

何かを手渡すときの決まり文句とお礼の言葉　037

バールや店で店員が商品をお客さんに提示する際に使う決まり文句と，それに対するお礼の言葉を覚えておくと，旅行で役に立つでしょう。

Ecco ～.	どうぞ，～です。

□	Ecco il gelato.	どうぞ，（あなたが注文された）アイスクリームです。
□	Ecco la chiave.	どうぞ，（あなたの部屋の）鍵です。
□	Ecco a Lei.	どうぞ，あなたにです。
□	Ecco a te.	どうぞ，きみにです。

【お礼の言葉】

□	Grazie ! – Prego.	ありがとうございます。— どういたしまして。
□	Grazie mille ! – Di niente.	どうもありがとうございます。— どういたしまして。

038

▶声に出して言ってみよう①

イタリア語で言ってみてください。

1. スプーンをひとつお願いします。
 —どうぞ，スプーンです。
2. フォークをひとつお願いします。
 —どうぞ，フォークです。

★次にコレ！

3 ショッピングで使いそうな名詞

039

イタリアで購入する可能性の高い名詞をいくつか挙げておきましょう。ご自身の興味のあるものから覚えていってください。

男性名詞　(　) 内は複数形

□	anello (anelli)	指輪
□	orologio (orologi)	時計
□	portafoglio (portafogli)	財布
□	vestito (vestiti)	服
□	pantalone (pantaloni)	ズボン《通常，複数形を用います》

女性名詞　(　) 内は複数形

□	borsa (borse)	カバン，ハンドバッグ
□	camicia (camicie)	シャツ，ブラウス
□	cravatta (cravatte)	ネクタイ
□	gonna (gonne)	スカート
□	scarpa (scarpe)	靴《通常，複数形を用います》

基本形の語尾が -o の形容詞

040

名詞を修飾する言葉が形容詞です。英語では white wine のように名詞の前に形容詞を置きますが，イタリア語では原則，名詞の後に置きます。形容詞は基本形の語尾が -o のものと -e の 2 パターンに分けられますが，ここでは以下に挙げる語尾が -o の形容詞の使い方を覚えましょう。それは修飾する名詞の性・数によって語尾が 4 通りに変化します。これも英語とは大きく異なる点なので注意が必要です。

色	□ bianco	白い	□ rosso	赤い	□ nero	黒い
国籍	□ italiano	イタリアの	□ americano	アメリカの	□ spagnolo	スペインの
質	□ buono	よい，おいしい	□ bello	美しい，素敵な	□ piccolo	小さい

	基本形	対男性名詞		対女性名詞	
		単数	複数	単数	複数
□	rosso	rosso	rossi	rossa	rosse
□	bianco	bianco	bianchi	bianca	bianche

＊ **bianco** は複数名詞を修飾する場合は **[k]** の音を残すため，**h** を入れることに注意。

	単数		複数	[形容詞] ＋ [名詞]
□	vestito bianco	-	vestiti bianchi	白い服
□	camicia bianca	-	camicie bianche	白いシャツ
□	giornale italiano	-	giornali italiani	イタリアの新聞
□	canzone italiana	-	canzoni italiane	イタリアの歌

041

▶声に出して言ってみよう②

イタリア語で言ってみてください。

1. どうぞ，（注文された）白ワインです。
2. どうぞ，（ご覧になりたい）黒い財布です。
3. どうぞ，（ご覧になりたい）赤いズボンです。

★さらにコレ！

観光に関係する名詞

🎧 042

イタリアで観光する際に覚えておくと便利な名詞です。

男性名詞

□	duomo	大聖堂（司教座が置かれている町の中心的な教会）
□	museo	博物館，美術館
□	palazzo	建物，宮殿
□	piazzale	（大きい）広場
□	ponte	橋

女性名詞

□	chiesa	教会
□	basilica	教会（本来は古代ローマの会議場）
□	galleria	ギャラリー，美術館（主に絵画作品を所蔵）
□	piazza	広場
□	villa	邸宅，別荘

6 前置詞 di

前置詞 di は名詞の後ろに置くと，「～の」といった具合にその名詞を限定することできます。英語の of と同じような働きをしています。

□	il vestito di Armani	アルマーニの服
□	il Duomo di Firenze	フィレンツェ大聖堂
□	la borsa di Gucci	グッチのカバン
□	la Chiesa di San Marco	サン・マルコ聖堂

□	Ecco il vestito di Armani.	どうぞ，アルマーニの服です。
□	Ecco il Duomo di Firenze.	ほら，（あれが）フィレンツェ大聖堂です。

044

▶声に出して言ってみよう③

イタリア語で言ってみてください。

1. ほら，ミラノ大聖堂です。
2. ほら，サン・マルコ美術館です。
3. どうぞ，グッチの財布です。
4. どうぞ，プラダのカバンです。

★最後にコレ！

音声を聴いて答えよう！

045

以下のヒントをもとに音声の問いかけに答えてみてください。

1.	お礼
2.	お礼
3.	より丁寧なお礼
4.	より丁寧なお礼

主要都市の代表的な観光スポット

★ Roma	ローマ
La Basilica di San Pietro	サン・ピエトロ聖堂
La Chiesa di Santa Maria Maggiore	サンタ・マリーア・マッジョーレ聖堂
I Musei Vaticani	ヴァティカン美術館
La Galleria Borghese	ボルゲーゼ美術館
Il Colosseo	コロッセオ
Il Pantheon	パンテオン
Le Terme di Caracalla	カラカラ浴場
La Piazza di Spagna	スペイン広場

★ Firenze	フィレンツェ
Il Duomo di Firenze	フィレンツェ大聖堂
La Chiesa di Santa Croce	サンタ・クローチェ聖堂
La Chiesa di Santa Maria Novella	サンタ・マリーア・ノヴェッラ聖堂
La Galleria degli Uffizi	ウフィツィ美術館
Il Museo di San Marco	サン・マルコ美術館
La Piazza della Signoria	シニョリーア広場
Il Piazzale Michelangelo	ミケランジェロ広場
Il Palazzo Vecchio	ヴェッキオ宮殿
Il Palazzo Pitti	ピッティ宮殿
Il Ponte Vecchio	ヴェッキオ橋

★ Venezia	ヴェネツィア
La Chiesa di San Marco	サン・マルコ聖堂
La Chiesa di San Giorgio Maggiore	サン・ジョルジョ・マッジョーレ聖堂
La Galleria dell'Accademia	アカデミア美術館
Il Ponte di Rialto	リアルト橋
La Scuola di San Rocco	サン・ロッコ信徒会館

★ Milano	ミラノ
Il Duomo di Milano	ミラノ大聖堂
La Chiesa di Sant'Ambrogio	サンタンブロージョ聖堂
La Pinacoteca di Brera	ブレラ美術館
Il Castello Sforzesco	スフォルツェスコ城
Il Teatro alla Scala	スカラ座

第5課 簡単な文章を作ってみよう！（1）

★まずはコレ！

① 動詞 essere の３人称単数形 è

きちんとした文章を作るには動詞を使わなくてはなりません。まずはもっとも基本的な動詞 **essere** の使い方から覚えていきましょう。これは「～です」という意味で，英語の be にあたるものです。イタリア語の動詞は主語によって形が変わるのですが，まずは「それは」が主語になった場合は è となることをおさえてください。これは英語の is にあたるものです。「それは」はイタリア語では esso ないしは essa を使うのですが，一般に省略されます。

È ～.	それは～です。

□	È il Duomo di Firenze.	それはフィレンツェ大聖堂です。
□	È il Ponte Vecchio.	それは（フィレンツェの）ヴェッキオ橋です。
□	È la Piazza Grande.	それは（アレッツォの）グランデ広場です。

② 疑問詞 dove

dove は場所を聞く際に用いる疑問詞で，「どこ」という意味です。これと è を組み合わせると「～はどこですか。」と言うことができます。つまり dove è となるのですが，この時，母音が重なるため dove の語尾が消えて è と連結して dov'è となります。

Dov'è ～?	～はどこですか。

□	Dov'è il bagno?	トイレはどこですか。
□	Dov'è il camerino?	試着室はどこですか。
□	Dov'è la cassa?	会計（キャッシャー）はどこですか。

048

▶声に出して言ってみよう①

イタリア語で言ってみてください。

1. フィレンツェ大聖堂はどこですか。
2. ヴェッキオ橋はどこですか。
3. 駅はどこですか。
4. バス停はどこですか。

★次にコレ！

3 前置詞 a

049

aは英語では「ひとつの」という意味の不定冠詞ですが，イタリア語では場所を表す前置詞です。「～で」とか「～に」という意味になります。英語では都市名の前には主にinを用いますが，イタリア語では原則，都市の前にはaを置きます。

□	a Roma	ローマで
□	a Venezia	ヴェネツィアで
□	a destra	右に
□	a sinistra	左に

4 道を聞いたり答えるときに使う主要な単語

050

□	**qui**	ここに	↔	□	**lì (là)**	そこに，そこで
□	**vicino**	近い，近く	↔	□	**lontano**	遠い，遠く
□	**destra**	右	↔	□	**sinistra**	左
□	**diritto (dritto)**	まっすぐ				

È vicino [lontano] ～ ?	～は近い［遠い］ですか。

□	È vicino il Palazzo Vecchio ?	ヴェッキオ宮殿は近いですか。
□	È lontana la stazione ?	駅は遠いですか。

＊ stazioneが女性名詞なのでlontanaになることに注意。

□	È qui a destra.	(それは) ここを右です。
□	È lì a sinistra.	(それは) あちらを左です。
□	Sempre diritto.	ずっとまっすぐ (行ってください)。

051

▶声に出して言ってみよう②

イタリア語で言ってみてください。

1. すみません，トイレはどこですか。
—あちらを右です。
2. すみません，サン・マルコ聖堂はどこですか。
—近いですよ。ずっとまっすぐ (行ってください)。

★さらにコレ！

疑問詞 come

2課でも簡単にふれましたが，**come** は「どのように」「どのような」といった意味の疑問詞です。動詞の **è** と組み合わせると「〜はどのような (感じ) ですか。」と言うことができます。**dove** のときと同様，come è は **com'è** となります。

Com'è 〜 ?	〜はどのような (感じ) ですか。

□	Com'è il Duomo di Firenze ?	フィレンツェ大聖堂はどのような (感じ) ですか。
□	Com'è la casa di Dante ?	ダンテの家はどのような (感じ) ですか。
□	Com'è il signor Neri ?	(男性の) ネーリさんはどのような方ですか。
□	Com'è la signora Bianchi ?	ビアンキ夫人はどのような方ですか。

基本形の語尾が -e の形容詞

053

4 課の**ポイント④**では基本形の語尾が -o の形容詞の使い方を学びましたが，ここでは語尾が -e の形容詞の使い方を覚えましょう。語尾が -o の形容詞同様，原則，名詞の後に置くのですが，-e の形容詞は名詞の数によってのみ語尾変化をします。つまり名詞の性に関係なく，単数名詞を修飾する場合は -e，複数名詞の場合は -i になります。

色	□ verde	緑の	□ marrone	茶色の
国籍	□ giapponese	日本（人）の	□ cinese	中国（人）の
	□ inglese	イギリス（人）の	□ francese	フランス（人）の
質	□ grande	大きい	□ importante	重要な
	□ interessante	興味深い	□ gentile	親切な，やさしい

	基本形	対男性名詞		対女性名詞	
		単数	複数	単数	複数
□	verde	verde	verdi	verde	verdi

	単数		複数	[形容詞] ＋ [名詞]
□	orologio giapponese	-	orologi giapponesi	日本製の時計
□	macchina giapponese	-	macchine giapponesi	日本製の車
□	giornale francese	-	giornali francesi	フランスの新聞
□	canzone francese	-	canzoni francesi	フランスの歌
□	museo importante	-	musei importanti	重要な美術館
□	chiesa importante	-	chiese importanti	重要な教会
□	libro interessante	-	libri interessanti	おもしろい本
□	rivista interessante	-	riviste interessanti	おもしろい雑誌

7 形容詞を強調する副詞

054

形容詞を強調する副詞は主に以下のとおりです。副詞はいっさい語尾変化をしません。

□ **molto** とても　□ **troppo** 過度に　□ **proprio** まさに

□	molto bello (bella, belli, belle)	とても美しい
□	molto interessante (interessanti)	とても興味深い
□	troppo piccolo (piccola, piccoli, piccole)	小さすぎる
□	troppo grande (grandi)	大きすぎる
□	proprio vicino (vicina, vicini, vicine)	まさに近い
□	proprio importante (importanti)	まさに重要

□	Marco è molto bello.	マルコはとてもハンサムです。
□	Maria è molto bella.	マリーアはとても美しいです。
□	Il Duomo è molto vicino.	大聖堂はとても近いです。
□	La stazione è molto vicina.	駅はとても近いです。

055

▶声に出して言ってみよう③

イタリア語で言ってみてください。

1. ネーリ夫人はどのような方ですか。
　―（彼女は）とてもやさしい方です。
2. プラダのカバンはどのような（感じ）ですか。
　―（それは）とても素敵です。
3. 駅はどのような（感じ）ですか。
　―（それは）大きすぎます。

★最後にコレ！

音声を聴いて答えよう！ 056

以下のヒントをもとに音声の問いかけに答えてみてください。

1.	あちらを左
2.	近い　ずっとまっすぐ
3.	とても大きい
4.	とても美しい

第6課 簡単な文章を作ってみよう！（2）

★まずはコレ！

指示代名詞 questo

057

「これは」はイタリア語で **questo** と言います。英語の this にあたるものです。ただし，英語とは異なり，女性名詞を指して言う場合は，**questa** となります。

Questo è ［男性名詞］	これは ［男性名詞］ です。
Questa è ［女性名詞］	これは ［女性名詞］ です。
Questo è ［男性名詞］ **?**	これは ［男性名詞］ ですか。
Questa è ［女性名詞］ **?**	これは ［女性名詞］ ですか。

＊イタリア語では疑問文にする際にも基本的に語順は変えません。疑問文のときは，文尾を上げて発音してください。

□	Questo è il Duomo di Siena.	これはシエナの大聖堂です。
□	Questo è il portafoglio di Prada ?	これはプラダの財布ですか。
□	Questa è la macchina di Paolo.	これはパオロの車です。
□	Questa è la borsa di Gucci ?	これはグッチのカバンですか。

指示代名詞 quello

058

少し離れているものを指して「あれは」と言いたいときは **quello** を用います。これは英語の that にあたるものです。questo 同様，女性名詞を指して言うときは quella になります。

Quello è ［男性名詞］	あれは ［男性名詞］ です。
Quella è ［女性名詞］	あれは ［女性名詞］ です。
Quello è ［男性名詞］ **?**	あれは ［男性名詞］ ですか。
Quella è ［女性名詞］ **?**	あれは ［女性名詞］ ですか。

□	Quello è il Ponte Vecchio.	あれはヴェッキオ橋です。
□	Quello è il Museo Nazionale ?	あれは国立美術館ですか。
□	Quella è la Chiesa di San Francesco.	あれはサン・フランチェスコ聖堂です。
□	Quella è la stazione centrale ?	あれは中央駅ですか。

＊centrale「中央の，中心的な」。

3 基本的な答え方

「はい」は sì，「いいえ」は no と言い，「〜ではない」は否定詞 non を動詞の前に置きます。また，わかりきっている場合は主語を省略します。

□	Questa è la Chiesa di San Marco ?	これはサン・マルコ聖堂ですか。
□	– Sì, è la Chiesa di San Marco.	— はい，サン・マルコ聖堂です。
□	– No, non è la Chiesa di San Marco.	— いいえ，サン・マルコ聖堂ではありません。

＊ **non è** は［ノン　エ］ではなく，［ノネ］とつなげて発音してください。

4 疑問詞 che cosa

疑問詞の **che cosa**「何」を用いると,「これは何ですか。」とか「あれは何ですか。」という言い方ができます。この表現では，指している名詞の性がわからない場合に用いられることが多いため，指示代名詞は通常，男性名詞を指す **questo** か **quello** を用います。

Che cosa è questo ? (Che cos'è questo ?)	これは何ですか。
Che cosa è quello ? (Che cos'è quello ?)	あれは何ですか。

＊ **cosa** と **è** を連結させて，**cos'è** とも言います。

□	Che cosa è questo ? (Che cos'è questo ?)	これは何ですか。
□	– È il Duomo di Milano.	— ミラノ大聖堂です。
□	Che cosa è quello ? (Che cos'è quello ?)	あれは何ですか。
□	– È la stazione centrale.	— 中央駅です。

061

▶声に出して言ってみよう①

イタリア語で言ってみてください。

1. あれはヴェッキオ宮殿ですか。
   — はい，ヴェッキオ宮殿です。
2. あれは何ですか。
   — 国立美術館です。

★次にコレ！

指示形容詞 questo

062

questo は指示形容詞としての機能ももち，「この」とか「これらの」という意味でも使えます。それは修飾する名詞によって以下のように語尾変化します。

基本形	対男性名詞		対女性名詞	
	単数	複数	単数	複数
□ questo	questo	questi	questa	queste

[対単数名詞]		[対複数名詞]	
□ questo palazzo	-	questi palazzi	この建物 — これらの建物
□ questo negozio	-	questi negozi	この店 — これらの店
□ questo orologio	-	questi orologi	この時計 — これらの時計
□ questa galleria	-	queste gallerie	このギャラリー — これらのギャラリー
□ questa opera	-	queste opere	この作品 — これらの作品
□ questa statua	-	queste statue	この彫像 — これらの彫像

＊**orologio** や **opera** のような母音で始まる単数名詞の前に置くときは，その名詞と連結して **quest'orologio**，**quest'opera** と言うこともあります。

6 指示形容詞 questo を用いた基本的な表現

063

日常よく使う以下のような表現を覚えましょう。

Questo［男性名詞］**è**［形容詞］	この［男性名詞］は［形容詞］です。
Questa［女性名詞］**è**［形容詞］	この［女性名詞］は［形容詞］です。

□	Questo vino è molto buono.	このワインはとてもおいしいです。
□	Questa pizza è molto buona.	このピザはとてもおいしいです。
□	Questo palazzo è importante ?	この建物は重要ですか。
□	Questa galleria è grande ?	このギャラリーは大きいですか。

＊ここでも疑問文にする場合，語順を変える必要はありません。文尾を上げて発音すればOKです。

7 主なチーズの種類

064

イタリアにはたくさんの種類のチーズがあります。その主なものを挙げておきましょう。

□	formaggio	チーズ（全般）
□	parmigiano	パルメザン・チーズ
□	pecorino	ペコリーノ・チーズ（羊のチーズ）
□	mascarpone［男］	マスカルポーネ・チーズ
□	mozzarella	モッツァレッラ・チーズ

065

▶声に出して言ってみよう②

イタリア語で言ってみてください。

1. このチーズはおいしいですか。
   ― はい，とてもおいしいです。
2. このモッツァレッラ・チーズはおいしいですか。
   ― はい，とてもおいしいです。
3. この作品は重要ですか。
   ― いいえ，さほど重要ではありません。

★さらにコレ！

8 指示形容詞 quello

066

quello も questo 同様，指示形容詞としての機能ももち，「あの」とか「あれらの」という意味で使います。ただし questo とは異なり，以下で見るように，修飾する名詞によって語尾が複雑に変化するので注意が必要です。取りあえずは子音で始まる名詞を修飾する4つのケースを覚えればいいと思います。

名詞の先頭の文字	対男性名詞		対女性名詞	
	単数	複数	単数	複数
子音	**quel**	**quei**	**quella**	**quelle**
母音	quell’	quegli	quell’	quelle
s+子音または z	quello	quegli	quella	quelle

	[対単数名詞]		[対複数名詞]	
□	quel professore	-	quei professori	あの男性教師 – あれらの男性教師
□	quell’amico	-	quegli amici	あの男の友だち – あれらの男の友だち
□	quello studente	-	quegli studenti	あの男子学生 – あれらの男子学生
□	quella professoressa	-	quelle professoresse	あの女性教師 – あれらの女性教師
□	quell’amica	-	quelle amiche	あの女の友だち – あれらの女の友だち
□	quella studentessa	-	quelle studentesse	あの女子学生 – あれらの女子学生

＊ s＋子音で始まる単語でも女性名詞の場合は特殊な形になりません。

9 人の性質を表す形容詞

067

人の性質を表す基本的な形容詞を挙げておきましょう。

□	buono	性格がよい，温厚な
□	cattivo	性格が悪い，意地悪な
□	bravo	優秀な
□	gentile	親切な，優しい
□	simpatico	感じがよい，シンパシーを感じる
□	antipatico	感じが悪い，シンパシーが感じられない
□	timido	内気な，シャイな
□	silenzioso	無口な，静かな

□ □	Com'è quel signore ? – È molto simpatico.	あの男性はどんな方ですか。 — とても感じのよい方です。
□ □	Com'è quella signora ? – È molto timida.	あの女性はどんな方ですか。 — とても内気な方です。

068

▶声に出して言ってみよう③

イタリア語で言ってみてください。

1. あの男性教師はとても親切です。
2. あの男子学生は感じがよいです。
3. あの友だち（男）は意地悪です。
4. あの女子学生は感じが悪いです。
5. あの友だち（女）はとても性格がよいです。

★余裕があれば！

特殊な定冠詞

069

子音で始まる名詞の前に置く定冠詞はすでに4課で学びましたが，指示形容詞 quello と同様，定冠詞も後にくる名詞によって形が変わってきます。4課で学んだことも含めると，以下のように整理できます。

名詞の先頭の文字	対男性名詞		対女性名詞	
	単数	複数	単数	複数
子音	il	i	la	le
母音	l’	gli	l’	le
s+ 子音または **z**	lo	gli	la	le

＊指示形容詞の **quello** と変化の形が似ているので，一緒に覚えるといいかもしれません。

	[対単数名詞]		[対複数名詞]	
□	il palazzo	-	i palazzi	（特定の）建物
□	l’albergo	-	gli alberghi	（特定の）ホテル
□	lo specchio	-	gli specchi	（特定の）鏡
□	lo zaino	-	gli zaini	（特定の）リュックサック
□	la chiesa	-	le chiese	（特定の）教会
□	l’opera	-	le opere	（特定の）作品

□	Quello è l’amico di Marco.	あれはマルコの友だちです。
□	Questo è lo specchio di Maria.	これはマリーアの鏡です。
□	Questa è la “Primavera” di Botticelli.	これはボッティチェッリの「春」です。

★最後にコレ！

音声を聴いて答えよう！ 070

以下のヒントをもとに音声の問いかけに答えてみてください。

1.	レオナルドの「ジョコンダ（＝モナ・リザ）」
2.	とても美しい
3.	ヴェッキオ宮殿
4.	とても大きい

第7課 簡単な文章を作ってみよう！（3）

★まずはコレ！

「これらは～です」「あれらは～です」 071

これまでは動詞 **essere** で 3 人称の単数名詞が主語になるケースを見てきました。つまり英語の is にあたる形を学んだわけですが，ここでは「これらは」「あれらは」など，**3** 人称の複数名詞が主語になる形 **sono** を覚えましょう。

指示代名詞 **questo** は男性複数名詞を指す場合は **questi**，女性複数名詞のときは **queste** となり，同じく指示代名詞 **quello** は **quelli** と **quelle** になります。したがって，「これらは～です」「あれらは～です」という表現は，以下のようになります。

Questi sono［男性複数名詞］	これらは［男性複数名詞］です。
Queste sono［女性複数名詞］	これらは［女性複数名詞］です。
Quelli sono［男性複数名詞］	あれらは［男性複数名詞］です。
Quelle sono［女性複数名詞］	あれらは［女性複数名詞］です。

□	Questi sono gli specchi di Maria.	これらはマリーアの鏡です。
□	Queste sono le scarpe di Maria.	これらはマリーアの靴です。
□	Quelli sono gli amici di Paolo.	あの人たちはパオロの友だちです。
□	Quelle sono le opere di Raffaello.	あれらはラファエロの作品です。

「これらは何ですか」「あれらは何ですか」 072

単数名詞を指して「これは何ですか。」「あれは何ですか。」と聞く表現は 6 課で学びましたが，複数名詞を指して同様のことを言う場合は，次のようになります。

□	Che cosa sono questi ?	これらは何ですか。
□	Che cosa sono quelli ?	あれらは何ですか。

＊単数の場合と同様，この表現をするときは名詞の性がわかっている場合は少ないので，指示代名詞は一般的に男性複数名詞を指す形になります。

073

▶声に出して言ってみよう①

イタリア語で言ってみてください。

1. これらは何ですか。
   — 日本のスパゲッティ，そばです。
2. あれらは何ですか。
   — 日本のフェットゥッチーネ（le fettuccine），きしめんです。

★次にコレ！

基数（0 ～ 10）

074

数字を 10 まで言えるようになりましょう。基数の 2 以上はそのまま複数名詞の前に置くと「～個の」［複数名詞］という言い方になります。「ひとつの」と言うときは不定冠詞を用います。

□	0	**zero**
□	1	**uno**
□	2	**due**
□	3	**tre**
□	4	**quattro**
□	5	**cinque**

□	6	**sei**
□	7	**sette**
□	8	**otto**
□	9	**nove**
□	10	**dieci**

［単数］

□	un letto	ひとつのベッド
□	un armadio	ひとつのタンス
□	una camera	ひとつの部屋
□	una sedia	ひとつのイス

［複数］

□	due letti	2 つのベッド
□	tre armadi	3 つのタンス
□	cinque camere	5 つの部屋
□	otto sedie	8 つのイス

4 特殊な不定冠詞

075

基本的な不定冠詞はすでに3課で学んだように，**un** と **una** ですが，s＋子音ないしは z で始まる男性名詞の前では **uno**，母音で始まる女性名詞の前では **un'** となります。

□	un libro	1冊の本
□	uno spagnolo	ひとりのスペイン男性
□	uno zaino	1個のリュックサック
□	una rivista	1冊の雑誌
□	un'agenda	1冊の手帳

5 「〜がひとつあります」「〜がひとりいます」

076

指示代名詞 **ci** を動詞 **è** と組み合わせると「〜がひとつある」という言い方ができます。母音が重なるので **ci è** は **c'è** となります。

C'è［単数名詞］	〜がひとつあります。	〜がひとりいます。
Non c'è［単数名詞］	〜がありません。	〜がいません。

□	C'è un giapponese.	日本人（男）がひとりいます。
□	C'è un italiano.	イタリア人（男）がひとりいます。
□	C'è uno spagnolo.	スペイン人（男）がひとりいます。
□	Non c'è nessuno.	誰もいません。
□	Non c'è niente.	何もありません。

6 「〜は（複数）あります」「〜は（複数）います」

077

指示代名詞 **ci** を動詞 **essere** の3人称複数形 **sono** と組み合わせると，名詞が複数存在するという言い方ができます。

Ci sono［数（2～）］［複数名詞］	［名詞］が～個あります。
Non ci sono［複数名詞］	［名詞］がありません

□	Ci sono due libri.	本が2冊あります。
□	Ci sono tre quadri.	絵が3枚あります。
□	Ci sono quattro agende.	手帳が4冊あります。
□	Ci sono cinque penne.	ペンが5本あります。
□	Non ci sono spagnole.	スペイン人（女）はいません。
□	Non ci sono italiane.	イタリア人（女）はいません。

▶声に出して言ってみよう②

イタリア語で言ってみてください。

1. ベッドがひとつあります。
2. 部屋が3つあります。
3. タンス（単数）はありません。
4. イスは5脚あります。

★さらにコレ！

「～はたくさんあります」

「たくさんの」を表す形容詞は**molto**で，それらは複数名詞の前に置く場合は語尾変化します。「～がたくさんある」という言い方は以下のようになります。

Ci sono molti［男性複数名詞］	［男性名詞］がたくさんあります。
Ci sono molte［女性複数名詞］	［女性名詞］がたくさんあります。

□	Qui ci sono molti quadri.	ここには絵がたくさんあります。
□	Ci sono molte opere di Leonardo.	レオナルドの作品がたくさんあります。

「～はいくつかあります」

080

「いくつかの」［複数名詞］と言いたい場合は，不定冠詞の複数形を複数名詞の前に置きます。基本は［男性複数名詞］の前には **dei**，［女性複数名詞］の前には **delle** ですが，母音や **s** ＋子音，**z** で始まる男性名詞の前は **degli** になります。

	［単数］	［複数］	
□	un giapponese	dei giapponesi	日本人（男）
□	un italiano	degli italiani	イタリア人（男）
□	uno spagnolo	degli spagnoli	スペイン人（男）
□	una spagnola	delle spagnole	スペイン人（女）
□	un'italiana	delle italiane	イタリア人（女）

□	Ci sono dei giapponesi.	日本人（男のみか男＆女）が何人かいます。
□	Ci sono degli italiani.	イタリア人（男のみか男＆女）が何人かいます。
□	Ci sono delle spagnole.	スペイン人（女）が何人かいます。

＊男女が混じっている場合は男性複数名詞とします。

「～はいくつありますか」

081

名詞の数を聞く表現は疑問形容詞の **quanto** を使います。「いくつの［名詞］」は **quanti** ＋［男性複数名詞］か **quante** ＋［女性複数名詞］となり，「～はいくつありますか。」という言い方は以下のようになります。

Quanti［男性複数名詞］**ci sono ?**	［男性名詞］はいくつありますか。
Quante［女性複数名詞］**ci sono ?**	［女性名詞］はいくつありますか。

□	Quanti libri ci sono qui ?	ここにはどのくらいの本がありますか。
□	Quanti americani ci sono qui ?	ここにはアメリカ人は何人いますか。
□	Quante chiese ci sono a Firenze ?	フィレンツェにはいくつ教会がありますか。
□	Quante italiane ci sono a Tokyo ?	東京にはイタリア人（女）はどのくらいいますか。

10 前置詞 in

082

　場所を表す前置詞は a をすでに学びましたが，ここでは in の使い方を覚えましょう。a 同様,「～で」という意味なのですが, a が場所を点として表わすのに対して, **in** はある範囲や空間の中といったニュアンスになります。例えば都市の前には **a** でしたが，国や州の前には **in** を置きます。また「家で」といった場合も，「家の中で」というニュアンスを出したい場合は a よりも in を使って，in casa と言った方がいいでしょう。

□	in Italia	イタリアでは
□	in Giappone	日本では
□	in Toscana	トスカーナ州では
□	in questo appartamento	このアパートには
□	in questa camera	この部屋には
□	in questa aula (quest'aula)	この教室には
□	in questa scuola	この学校には

▶声に出して言ってみよう③

イタリア語で言ってみてください。

1. このアパートには何部屋ありますか。
　— 5 部屋あります。
2. この教室には学生は何人いますか。
　— 8 人の学生がいます。
3. この学校には日本人は何人いますか。
　— 10 人の日本人がいます。

★余裕があれば！

11 「これらの［名詞］は［形容詞］です」

084

主語が複数になったことで，形容詞の語尾も変化することに注意しましょう。

Questi ［男性複数名詞］ **sono** ［形容詞］	これらの［男性複数名詞］は［形容詞］です。
Queste ［女性複数名詞］ **sono** ［形容詞］	これらの［女性複数名詞］は［形容詞］です。

□	Questi piatti sono molto buoni.	これらの料理はとてもおいしいです。
□	Questi quadri sono molto belli.	これらの絵はとても美しいです。
□	Queste mozzarelle sono molto buone.	これらのモッツァレッラはとてもおいしいです。
□	Queste opere sono molto belle.	これらの作品はとても美しいです。

12 「あれらの［名詞］は［形容詞］です」

085

指示形容詞 **quello** が男性複数名詞を修飾するときの形に注意してください（→6課）。

Quei ［男性複数名詞］ **sono** ［形容詞］	あれらの［男性複数名詞］は［形容詞］です。
Quegli ［男性複数名詞］ **sono** ［形容詞］	あれらの［男性複数名詞］は［形容詞］です。
Quelle ［女性複数名詞］ **sono** ［形容詞］	あれらの［女性複数名詞］は［形容詞］です。

□	Quei professori sono molto gentili.	あの先生たち（男）はとても親切です。
□	Quegli amici sono simpatici.	あの友人たちは感じがよいです。
□	Quegli studenti sono molto bravi.	あの学生たちはとても優秀です。
□	Quelle professoresse sono antipatiche.	あの先生たち（女）は感じが悪いです。
□	Quelle amiche sono simpatiche.	あの友人たち（女）は感じがよいです。

086

▶声に出して言ってみよう④

イタリア語で言ってみてください。

1. あの先生たち（男）は優秀ですか。
   — はい，とても優秀です。
2. あのスパゲッティはおいしいですか。
   — いいえ，あまりおいしくはありません。

★最後にコレ！

13 音声を聴いて答えよう！

087

以下のヒントをもとに音声の問いかけに答えてみてください。

1.	ひとつ
2.	4つ
3.	たくさん
4.	ひとつ

第8課 動詞 essere の用法をマスターしよう！

★まずはコレ！

人称代名詞の主格

088

イタリア語では他のヨーロッパ言語同様，主語や補語を 3 種類に分けています。話している当人を 1 人称，聞き手を 2 人称，それ以外の人や物を 3 人称と呼びます。つまり 1 人称は「私」，2 人称は「きみ」，3 人称は「彼」「彼女」「これ」など，「私」と「きみ」以外のすべてということになります。さらに単数と複数を分けており，1 人称複数は「私たち」，2 人称複数は「きみたち」，3 人称複数は「彼ら」などの場合となります。それぞれが主語になる形は以下のとおりです。

	単数		複数	
□ 1 人称	io	私は	noi	私たちは
□ 2 人称	tu	きみは	voi	きみたちは
□ 3 人称	lui	彼は	loro	彼らは
□	lei	彼女は	loro	彼女らは
□	Lei	あなたは	Loro	あなたがたは

＊親称の **tu** と敬称の **Lei** の違いについてはすでに 2 課で説明しましたが，**Lei** は意味的には 2 人称ですが，文法的には 3 人称として扱われます。

動詞 essere の活用

089

essere が「～である」という意味で，英語の be にあたるもっとも基本的な動詞であることはすでに学びましたが，これまでは主語が 3 人称の場合を見てきました。ここでは他の人称に対する形（活用形）も言えるようになりましょう。

	主語	活用形
単数	io	sono
	tu	sei
	lui lei Lei	è
複数	noi	siamo
	voi	siete
	loro Loro	sono

【注】音声では，主語の **lei**，**Lei**，**Loro** は省略しています。以降の課も同様です。

3 動詞 essere とよく組み合わせる補語　090

イタリア語では動詞の活用を覚えていくのはたいへんですが，それだけでは会話も作文もできません。大切なのはその動詞とよく一緒に使う補語をおさえていくことです。essere の場合は，以下のような補語が代表的なものとして挙げられます。

[名詞]

国籍	男性	女性
イタリア人	italiano	italiana
ドイツ人	tedesco	tedesca
スペイン人	spagnolo	spagnola
韓国人	coreano	coreana
アメリカ人	americano	americana
日本人	giapponese	
中国人	cinese	
フランス人	francese	
イギリス人	inglese	

職業	男性	女性
会社員	impiegato	impiegata
学生	studente	studentessa
教師	professore	professoressa
主夫，主婦	casalingo	casalinga
年金受給者	pensionato	pensionata
画家	pittore	pittrice
俳優	attore	attrice
旅行者	turista	
歌手	cantante	

[形容詞]

□	身分	sposato	既婚の，結婚した
□		celibe	未婚の《男》
□		nubile	未婚の《女》
□	性質	bravo	優秀な
□		bello	美しい
□		buono	性格がよい
□		cattivo	性格が悪い
□		gentile	親切な
□		simpatico	感じのよい
□		antipatico	感じの悪い

「私は～です」「私は～ではありません」 091

動詞の活用のうち，もっとも重要なのは1人称単数の形です。まずはそこから習得しましょう。主語の **io** は「私」を強調したい場合を除いて，通常，省略されます。

Sono ～	私は～です。

□	Sono Taro Yamada.	私は山田太郎といいます。
□	Sono giapponese.	私は日本人です。
□	Sono di Tokyo.	私は東京出身です。
□	Sono impiegato.	私（男）は会社員です。
□	Sono sposato.	私（男）は結婚しています。
□	Sono casalinga.	私（女）は主婦です。
□	Non sono cinese.	私は中国人ではありません。
□	Non sono studente.	私（男）は学生ではありません。

＊特に男女の指定がない場合は，どちらでも使えるということです。
＊《**essere di** ＋ 都市》で出身地を表します。

092

▶声に出して言ってみよう①

イタリア語で言ってみてください。

1. 私（女）は会社員です。
2. 私（女）は学生ではありません。
3. 私（女）は結婚していません。

★次にコレ！

「きみは〜です」「あなたは〜です」

093

いくら自分のことばかりを話しても会話にはなりません。親称 **tu** と敬称 **Lei** の活用も覚えて，相手に質問したり，相手からの質問を理解できるようになりましょう。主語の **tu** は **io** と同様，しばしば省かれますが，**Lei** は省略しないケースもよくあります。

Sei 〜	きみは〜です。
□ Sei giapponese ?	きみは日本人ですか。
□ Di dove sei ?	きみはどこの出身ですか。
□ Sei studentessa ?	きみ（女）は学生ですか。
□ Sei molto bella.	きみ（女）はとても美しいね。

Lei è 〜	あなたは〜です。
□ Lei è cinese ?	あなたは中国人ですか。
□ Di dov'è Lei ?	あなたはどちらのご出身ですか。
□ Lei è impiegata ?	あなた（女）は会社員ですか。
□ Lei è molto gentile.	あなたはとても親切です。

6 主語が３人称単数の場合

094

３人称単数が主語になる場合は，すでに学んだように，**essere** は **è** となります。アクセント記号が付いていない e は接続詞で，「そして」というまったく異なる意味になりますから，混同しないように注意してください。

□	Marco è italiano.	マルコはイタリア人です。
□	Lui è di Milano.	彼はミラノ出身です。
□	Lui è impiegato.	彼は会社員です。
□	Maria è studentessa.	マリーアは学生です。
□	Lei è molto bella.	彼女はとても美しいです。

7 所有形容詞（1）

095

まずは所有者が単数の場合の基本形を覚えてください。「私の」は **mio**,「きみの」は **tuo**,「彼の」「彼女の」は **suo**,「あなたの」は **Suo** です。男性単数名詞を修飾する場合はこのままで，女性単数名詞の場合は語尾を **-a** に変えます。原則，名詞の前に置き，定冠詞とともに用います。ただし，家族を表す単数名詞を修飾する場合は定冠詞を省略します。

		～は	～の
□	私	io	**mio**
□	きみ	tu	**tuo**
□	彼	lui	**suo**
□	彼女	lei	**suo**
□	あなた	Lei	**Suo**

	対男性名詞	
□	il mio amico	私の友だち（男）
□	il tuo ombrello	きみの傘
□	il suo portafoglio	彼［彼女］の財布
□	mio padre	私の父
□	mio marito	私の夫
□	mio fratello	私の兄［弟］
□	mio figlio	私の息子

	対女性名詞	
□	la mia amica	私の友だち（女）
□	la tua borsa	きみのカバン
□	la sua macchina	彼［彼女］の車
□	mia madre	私の母
□	mia moglie	私の妻
□	mia sorella	私の姉［妹］
□	mia figlia	私の娘

＊所有者が男性か女性かではなく，**修飾する名詞の性**によって語尾は変わることに注意。

096

▶声に出して言ってみよう②

イタリア語で言ってみてください。

1. あなたは中国人ですか。
   ― いいえ，私は中国人ではありません。日本人です。
2. あなたはどちらのご出身ですか。
   ― 私は大阪出身です。
3. あなた（男）は会社員ですか。
   ― いいえ，会社員ではありません。年金受給者（pensionato）です。

★さらにコレ！

8 「私たちは～です」「きみたちは～です」

097

常に自分や相手が単独だとは限りません。観光旅行の場合はむしろ，2 人以上で行動する場合の方が多いかもしれません。そのためにも，1 人称と 2 人称の複数の活用形はしっかりと身につけておいた方がいいでしょう。**essere** の場合，補語も主語に合わせて複数形になることが多いので，注意してください。

主語が複数の場合も敬称はありますが，この **Loro** はほとんど **voi** で代用してしまっています。このテキストでは読者が混乱しないように，**voi** は常に「きみたちは」と訳していますが，「あなたがたは」の意味でも広く使われていることを承知しておいてください。

Siamo ～	私たちは～です。

□	Siamo giapponesi.	私たちは日本人です。
□	Non siamo coreani.	私たちは韓国人ではありません。

Siete ～	きみたちは～です。

□	Siete italiani ?	きみたちはイタリア人（男・男&女）ですか。
□	Siete turisti ?	きみたちは旅行者ですか。
□	Siete molto simpatici.	きみたち（男・男&女）はとても感じがいいですね。

9 各都市とその出身者

098

イタリアの主要都市とその出身者の言い方を覚えましょう。ヴェネツィアやナポリ，ジェノヴァは，アクセントの置かれる母音をしっかりのばしてください。

	【都市】	【出身者】（　）内は女性	
□	Roma	romano (romana)	ローマ
□	Milano	milanese	ミラノ
□	Firenze	fiorentino (fiorentina)	フィレンツェ
□	Venezia	veneziano (veneziana)	ヴェネツィア
□	Napoli	napoletano (napoletana)	ナポリ
□	Genova	genovese	ジェノヴァ
□	Bologna	bolognese	ボローニャ

□	Siamo di Milano e quindi siamo milanesi.	私たちはミラノ出身です。したがってミラノ人です。
□	Siete fiorentini ?	きみたちはフィレンツェ人ですか。

＊**e**「そして」，**quindi**「したがって」。

099

▶声に出して言ってみよう③

イタリア語で言ってみてください。

1. きみたちは日本人ですか。
 — はい，日本人です。
2. きみたち（男）は旅行者ですか。
 — はい，旅行者です。
3. きみたち（男）はどちらの出身ですか。
 — 私たちはローマ出身です。したがってローマ人です。

★余裕があれば！

10 主語が３人称複数の場合

会話では主語が３人称複数になるケースが一番少ないと言っていいでしょう。特に旅行ではなおさらのことです。したがって，１人称と２人称の活用形をまずはしっかり習得して，余裕があれば３人称複数の形も言えるようにすればいいのではないでしょうか。

□	Marco e Giovanni sono milanesi.	マルコとジョヴァンニはミラノ人です。
□	Loro sono impiegati di banca.	彼らは銀行員です。
□	Loro sono molto simpatici.	彼らはとても感じがよいです。
□	Mary e Ann sono americane.	メアリーとアンはアメリカ人です。
□	Loro sono studentesse.	彼女たちは学生です。
□	Loro sono molto belle.	彼女たちはとても美しいです。

11 所有形容詞（2）

101

ポイント⑦で学んだ所有形容詞が複数名詞を修飾する場合は，基本形の語尾がさらに変わるので，以下の表でおさえておいてください。家族を表す名詞を修飾するときは，単数では定冠詞を省きますが，複数の場合は定冠詞をつけます。

		基本形	対単数名詞		対複数名詞	
			男性名詞	女性名詞	男性名詞	女性名詞
□	私の	mio	mio	mia	**miei**	**mie**
□	きみの	tuo	tuo	tua	**tuoi**	**tue**
□	彼の	suo	suo	sua	**suoi**	**sue**
□	彼女の	suo	suo	sua	**suoi**	**sue**
□	あなたの	Suo	Suo	Sua	**Suoi**	**Sue**

	【単数】	【複数】	
□	il mio amico	i miei amici	私の友だち（男）
□	la mia amica	le mie amiche	私の友だち（女）
□	il tuo ombrello	i tuoi ombrelli	きみの傘
□	la tua borsa	le tue borse	きみのカバン
□	il suo portafoglio	i suoi portafogli	彼［彼女］の財布
□	la sua macchina	le sue macchine	彼［彼女］の車
□	mio fratello	i miei fratelli	私の兄［弟］
□	mia sorella	le mie sorelle	私の姉［妹］
□	mio figlio	i miei figli	私の息子
□	mia figlia	le mie figlie	私の娘
□	—	i miei genitori	私の両親

＊所有形容詞の後ろにくる名詞が自明のときは，それを省略することができます。その場合，所有形容詞は所有代名詞となり，「**〜のもの**」という意味になります。例えば，“**Questo è il tuo ombrello ?**”と聞かれたときに，“**Sì, è il mio.**”と答えます。

102

▶声に出して言ってみよう④

イタリア語で言ってみてください。

1. 私の友人たち（男）はヴェネツィア人です。
2. 私の姉たちは主婦です。
3. あなたのご両親はとてもお優しいですね。
4. きみの息子たちは学生ですか。
   —いいえ，学生ではありません。彼らは会社員です。

★最後にコレ！

音声を聴いて答えよう！

以下のヒントをもとに音声の問いかけに答えてみてください。

1.	日本人
2.	東京出身
3.	会社員（女性）
4.	独身（女性）

第9課　動詞 avere の用法をマスターしよう！

★まずはコレ！

動詞 avere の直説法現在の活用　104

avere は「持つ」という意味で英語の have にあたり，**essere** と並んでもっとも重要な動詞です。まずは下の表を見ながら，その活用を主語と一緒に口に出して言ってみましょう。

		主語	活用形
□	単数	io	ho
□		tu	hai
□		lui　lei　Lei	ha
□	複数	noi	abbiamo
□		voi	avete
□		loro　Loro	hanno

2 動詞 avere とよく組み合わせる補語　105

下記の名詞を **avere** と一緒に用いることで，家族構成や友人関係を表すことができます。例えば “Ho un figlio.” と言えば，「私はひとりの息子を持っている」で，「私には息子がひとりいます」という意味になります。

	【男性】	【女性】	
□	amico	amica	友だち
□	figlio	figlia	息子・娘
□	bambino	bambina	赤ん坊，子供，幼児
□	fratello	sorella	兄弟・姉妹
□	ragazzo	ragazza	恋人（本来は少年・少女の意）
□	fidanzato	fidanzata	フィアンセ，恋人

□	cane	cagna	犬
□	gatto	gatta	猫

3 「私は～を持っています」

106

essere のときと同様，まずは **io** の活用から身につけましょう。

Ho ～	私は～を持っています。

□	Ho un figlio e una figlia.	私には息子がひとり，娘がひとりいます。
□	Ho un fratello e una sorella.	私には兄［弟］がひとり，姉［妹］がひとりいます。
□	Ho un ragazzo italiano.	私にはイタリア人の恋人（男）がいます。
□	Ho un amico italiano.	私にはイタリア人の友人（男）がひとりいます。
□	Ho molti amici italiani.	私にはイタリア人の友人がたくさんいます。
□	Non ho figli.	私には子供がいません。
□	Non ho amici italiani.	私にはイタリア人の友人がいません。
□	Non ho né fratelli né sorelle.	私には兄［弟］も姉［妹］もいません。

＊否定文において **né** ～ **né** を用いると「～も～も…ない」という意味になります。

▶声に出して言ってみよう①

イタリア語で言ってみてください。

1. 私にはふたりの幼児（男）がいます。
2. 私にはふたりの兄［弟］がおり，姉［妹］はいません。
3. 私にはイタリア人の婚約者（女）がいます。
4. 私は犬を１匹飼っています。
5. 私は犬も猫も飼っていません。

★次にコレ！

動詞 avere を使った慣用表現

108

以下の慣用表現はよく使うので，覚えておくといいでしょう。

□	**avere fame**	お腹が空いている	←	空腹感を持つ
□	**avere sete**	のどが渇いている	←	渇きを持つ
□	**avere caldo**	暑いと思う	←	暑さを持つ
□	**avere freddo**	寒いと思う	←	寒さを持つ
□	**avere sonno**	眠い	←	眠気を持つ
□	**avere fretta**	急いでいる	←	急用を持つ
□	**avere**［数字］**anni**	［数字］歳である	←	［数字］の年齢を持つ

「きみは〜を持っています」「あなたは〜を持っています」

109

次におさえるべきは，やはり **tu** と **Lei** が主語になる場合です。

Hai 〜	きみは〜を持っています

□	Hai figli ?	きみは子供がいますか。
□	Hai fratelli o sorelle ?	きみには兄弟か姉妹がいますか。
□	Hai fame ?	きみはお腹が空いていますか。
□	Hai sete ?	きみはのどが渇いてますか。
□	Quanti anni hai ?	きみは何歳ですか。

Lei ha 〜	あなたは〜を持っています

□	Lei ha caldo ?	あなたは暑いですか。
□	Lei ha freddo ?	あなたは寒いですか。
□	Lei ha il passaporto ?	あなたはパスポートをお持ちですか。

6 基数（11 ～ 19） 110

10 代の数字は **dieci** の **e** を取り **dici** にして，11 ～ 16 は一の位の数字を前に，17 ～ 19 は後にもってきます。その際に多少の変更があるので，それは下の（ ）内に記した一の位の数字と比較しながら，覚えいくといいでしょう。

～ **dici**

□	11	**undici**	(uno)
□	12	**dodici**	(due)
□	13	**tredici**	(tre)
□	14	**quattordici**	(quattro)
□	15	**quindici**	(cinque)
□	16	**sedici**	(sei)

dici ～

□	17	**diciassette**	(sette)
□	18	**diciotto**	(otto)
□	19	**diciannove**	(nove)

111

▶声に出して言ってみよう②

イタリア語で言ってみてください。

1. きみは子供がいますか。
   — はい，息子がひとりと娘がひとりいます。
2. あなたにはイタリア人の友人がいますか。
   — はい，イタリア人の友だち（女）がひとりいます。
3. きみはお腹が空いていますか。
   — はい，お腹が空いています。
4. あなたは暑いですか。
   — いいえ，暑くも寒くもありません。
5. きみは何歳ですか。
   — 私は 18 歳です。

★さらにコレ！

「私たちは～を持っています」「きみたちは～を持っています」 112

1人称と2人称の複数形もよく使うので，しっかり身につけましょう。

Abbiamo ～	私たちは～を持っています

□	Abbiamo un figlio e una figlia.	私たちには息子がひとり，娘がひとりいます。
□	Non abbiamo figli.	私たちには子供がいません。

Avete ～	きみたちは～を持っています

□	Avete amici italiani ?	きみたちにはイタリア人の友だちがいますか。
□	Avete fratelli o sorelle ?	きみたちには兄弟か姉妹がいますか。

＊ **o**「もしくは」。

「（おたくには）～はありますか」 113

お店やレストランへ入ったときに使う表現です。

Avete ～ ?	（おたくには）～はありますか

□	Avete borse di Prada ?	おたくにはプラダのカバンはありますか。
□	Avete il vino rosso Brunello ?	おたくにはブルネッロの赤ワインはありますか。
□	Avete una camera singola per stanotte ?	今夜泊まれるシングル・ルームはありますか。
□	Avete una camera doppia ?	ツイン・ルームはありますか。
□	Avete una camera matrimoniale ?	ダブル・ルームはありますか。

＊ **per**「～のため」，**stanotte**「今夜」。

9「はい，それを持っています」

114

相手から「〜を持っていますか。」と尋ねられた場合，その名詞を繰り返さずに，「はい，それを持っています」という，よりシンプルな答え方があります。そのためには代名詞を用いるのですが，それについては後の課で詳しく見ることにして，ここでは，以下の表現を取りあえず丸暗記してください。

□	Sì, ce l'ho.	はい，私はそれを持っています。
□	No, non ce l'ho.	いいえ，私はそれを持っていません。
□	Sì, ce l'abbiamo.	はい，私たちはそれを持っています。
□	No, non ce l'abbiamo.	いいえ，私たちはそれを持っていません。

□	Lei ha il biglietto ?	あなたは切符をお持ちですか。
□	– Sì, ce l'ho.	— はい，持っています。
□	Avete una macchina ?	あなたがたは車を持っていますか。
□	– No, non ce l'abbiamo.	— いいえ，持っていません。

115

▶声に出して言ってみよう③

イタリア語で言ってみてください。

1. きみにはイタリア人の恋人（男）がいますか。
   — はい，います。
2. あなたはパスポートをお持ちですか。
   — はい，持っています。
3. きみたちはイタリアに家を所有しているのですか。
   — いいえ，持っていません。
4. おたくにはアルマーニの財布はありますか。
   — いいえ，ございません。
5. 今夜泊まれるダブル・ルームはありますか。
   — はい，ございます。

★余裕があれば！

主語が３人称でも言えるように

116

avere の用法に慣れてきたら，主語が３人称でも言えるようになりましょう。

□	Marco ha molti amici giapponesi.	マルコには多くの日本人の友人（男）がいます。
□	Giovanni ha molta fame.	ジョヴァンニはとてもお腹が空いています。
□	I signori Bianchi hanno tre figlie.	ビアンキ夫妻には３人の娘がいます。
□	Gli studenti hanno sonno.	学生たちは眠そうです。

「～が痛い」「熱がある」の表現

117

旅行中，具合が悪くなったときのために，以下のような表現も覚えておくといいでしょう。

□	**avere mal di**［体の部分］	～が痛い

□ testa	頭	□ denti	歯《複数形》	□ gola	のど
□ pancia	お腹	□ stomaco	胃	□ schiena	背中，腰

□	Ho mal di testa.	私は頭が痛いです。
□	Abbiamo mal di pancia.	私たちはお腹が痛いです。
□	Hai mal di gola ?	きみはのどが痛いのですか。

□	**avere una febbre leggera**	微熱がある
□	**avere una febbre alta**	高熱がある

□	Lei ha la febbre ?	あなたは熱があるのですか。
□	– Sì, ho una febbre leggera.	―はい，少しあります。

118

▶声に出して言ってみよう④

イタリア語で言ってみてください。

1. 先生たち（男）は急いでいます。
2. あの男性たちは切符を持っていません。
3. 私は胃が痛いです。
4. 私の（幼い）子供たち（男）は少し熱があります。

★最後にコレ！

音声を聴いて答えよう！

以下のヒントをもとに音声の問いかけに答えてみてください。

1.	持っている
2.	息子ひとりと娘ひとり
3.	15 歳
4.	12 歳

第10課 -are 動詞の用法をマスターしよう！

★まずはコレ！

直説法現在で規則活用する動詞の用法

8課と9課で **essere** と **avere** の用法を学びましたが，このふたつの動詞はいずれも不規則に活用（人称変化）しました。そのため活用を覚えるのに一苦労したと思いますが，10～13課では規則的に活用する動詞の用法を見ていきます。いずれの課でも以下のことに気をつけて学習していってください。

①動詞の原形を覚える。

②活用を覚える。

→最初は1人称と2人称が主語になる形を身につけ，慣れたところで3人称の形も覚えましょう。

③動詞とよく組み合わせる補語を覚える。

→補語はたくさん覚えるにこしたことはありませんが，まずはひとつの動詞につきひとつの補語といった気軽な感じで進めていけばいいと思います。

④短い文章を作り，声に出して言ってみる。

→単語や活用だけ覚えても実際には役に立ちません。「**▶声に出して言ってみよう**」に挙げてある短文を，できるだけ早く正確にイタリア語にして，声に出して言ってみてください。

-are 動詞の直説法現在の規則活用 120

-are 動詞の直説法現在で規則的に活用する動詞は，原形から **are** を削除した形（語幹）に活用語尾（-o, -i, -a, -iamo, -ate, -ano）をつけていきます。まずは **parlare**「話す」「話せる」, **abitare**「住む」, **studiare**「勉強する」, **lavorare**「働く」, **tornare**「帰る，戻る」の5つの -are 動詞の活用を，主語と一緒に io parlo, tu parli といった具合に，声に出して言ってみましょう。

主語	活用語尾	**parlare** 話す，話せる	**abitare** 住む	**studiare** 勉強する	**lavorare** 働く	**tornare** 帰る，戻る
io	-o	parlo	abito	studio	lavoro	torno
tu	-i	parli	abiti	studi	lavori	torni
lui lei Lei	-a	parla	abita	studia	lavora	torna
noi	-iamo	parliamo	abitiamo	studiamo	lavoriamo	torniamo
voi	-ate	parlate	abitate	studiate	lavorate	tornate
loro Loro	-ano	parlano	abitano	studiano	lavorano	tornano

＊原形の語尾母音のみを変えるのではありません。**io parlaro, tu parlari, lui parlara** としないように注意してください。

＊アクセントの位置は原則，後ろから２番目の音節に置かれますが，３人称複数形は単数形と同じところにアクセントがきます。例えば **parlano** は **parla** と同じ位置だから，［**パ**ルラノ］であり［パル**ラー**ノ］にはなりません。

＊ **abitare** の単数形におけるアクセントの位置は先頭の母音にあります。**abito** は［アビート］ではなく［**ア**ービト］，**abitano** は［**ア**ービタノ］となります。

＊ **studiare** のように語幹の語尾が **i** になる動詞は，**tu** や **noi** の活用では原則，**i** をダブらせません。**studii** ではなく **studi**，**studiiamo** ではなく **studiamo** となります。

3 基本的な -are 動詞と補語の組み合わせ（1） 121

ポイント②で挙げた動詞を，以下の補語との組み合わせで覚えていきましょう。

parlare un po' italiano	イタリア語を少し話せる
abitare a Tokyo	東京に住む
studiare (l')italiano a scuola	イタリア語を学校で勉強する
lavorare in un ufficio	ある会社で働く
tornare in Giappone	日本に帰る

＊ un po'「少し」。

4 -are 動詞の活用（1）「私は～する」の表現

122

まずは「私は～する」と言えるようになりましょう。**io** が主語のとき，**-are** 動詞の活用語尾は共通して **-o** となります。例えば parlare は **parlo**，lavorare は **lavoro**，tornare は **torno** です。

□	Abito a Firenze.	私はフィレンツェに住んでいます。
□	Lavoro in un ufficio a Roma.	私はローマのある会社で働いています。
□	Studio (l')italiano a Tokyo.	私は東京でイタリア語を勉強しています。

123

▶声に出して言ってみよう①

イタリア語で言ってみてください。

1. 私は少しイタリア語を話せます。
2. 私は東京に住んでいます。
3. 私は学校でイタリア語を勉強しています。
4. 私は大阪の会社で働いています。
5. 私は明日，日本に帰ります。

★次にコレ！

5 -are 動詞の活用（2）「きみは～する」「あなたは～します」の表現

124

tu が主語のとき，**-are** 動詞の活用語尾は **-i**，Lei のときは **-a** となります。parlare であれば，「きみは話す」は tu parli，「あなたは話す」は Lei parla です。

□	Parli italiano ?	きみはイタリア語を話せますか。
□	Lei parla italiano ?	あなたはイタリア語を話せますか。
□	Abiti a Milano ?	きみはミラノに住んでいるのですか。
□	Lei abita a Milano ?	あなたはミラノにお住まいですか。

6 「それを」の使い方

125

イタリア語では**自動詞**を用いた文章の場合，前後の話しの流れでわかりきっている補語は省略できますが，**他動詞**を用いた文章では原則，人称代名詞の直接補語を使わなければなりません。例えば，“Lei lavora a Tokyo ?”と聞かれたとき，a Tokyo を省いて“Sì, lavoro.”と言える一方で，“Lei studia (l')italiano ?”と聞かれた際に，“Sì, studio.”では会話的には問題なくても文法的には不正確ということです。

では italiano を繰り返さずにどのように言えばいいかというと，「それを」という意味の人称代名詞を用います。これは英語の it にあたるものですが，イタリア語では男性名詞を指すときは **lo**，女性名詞を指すときは **la** となります。置く場所は原則，動詞の直前です。

□ □	Parli francese ? – No, non lo parlo per niente.	きみはフランス語を話せる？ — いや，それをまったく話せません。
□	Parlo un po' italiano, perché lo studio a Tokyo.	私はイタリア語を少し話せます。というのもそれを東京で勉強しているからです。

＊ **non ~ per niente**「まったく～しない」，**perché**「なぜなら」。

126

▶声に出して言ってみよう②

イタリア語で言ってみてください。

1. きみはイタリア語を話せますか。
   — はい，私はそれを少し話せます。
2. きみはどこに住んでいるのですか。
   — 私はフィレンツェに住んでいます。
3. きみはどこでイタリア語を勉強していますか。
   — 私はそれをミラノの学校で勉強しています。
4. あなたは日本で働いているのですか。
   — はい，私は東京のオフィスで働いています。
5. あなたはいつ（quando）日本に戻られますか。
   — 私は明日，戻ります。

★さらにコレ！

基本的な -are 動詞と補語の組み合わせ（2） 127

-are 動詞の用法に慣れてきたところで，動詞の数を増やしましょう。**mangiare**「食べる」，**aspettare**「待つ」，**amare**「愛する，大好きである」，**cantare**「歌う」，**viaggiare**「旅行する」の 5 つの動詞を以下の補語と組み合わせて覚えてください。

□	**mangiare la pizza**	ピザを食べる
□	**aspettare il taxi**	タクシーを待つ
□	**amare l'Italia**	イタリアを愛する
□	**cantare una canzone**	歌を歌う
□	**viaggiare in treno in Italia**	イタリアを列車で旅行する

＊ **in** ＋乗り物「～で，～に乗って」。

-are 動詞の活用（3）「私たちは～する」「きみたちは～する」の表現 128

-are 動詞においても essere や avere 同様，1 人称と 2 人称は複数形でも言えないと，旅行会話ですら困ることが生じてきてしまうでしょう。noi が主語のときは **-iamo**，voi のときは **-ate** となります。parlare であれば，「私たちは話す」は noi parliamo，「きみたちは話す」は voi parlate となります。

□	Perché parlate italiano ?	なぜきみたちはイタリア語を話せるのですか。
□	– Perché lo studiamo a scuola.	— なぜなら私たちは学校でそれを勉強しているからです。
□	Mangiate la pizza stasera ?	きみたちは今晩，ピザを食べるのですか。
□	Cantate spesso le canzoni napoletane ?	きみたちはしょっちゅうナポリ民謡を歌うのですか。

＊ **perché** は疑問詞としては「なぜ」，接続詞としては「なぜなら～だから」という意味になります。

＊ **stasera**「今晩」，**spesso**「しょっちゅう」。

129

▶声に出して言ってみよう③

イタリア語で言ってみてください。

1. きみたちは今晩，何を食べるのですか。
— 私たちはピザを食べます。
2. きみたちはタクシーを待っているのですか。
— はい，私たちはそれを待っています。
3. きみたちはイタリアを愛していますか。
— もちろん，私たちはそれを愛しています。
4. きみたちはイタリアを旅しているのですか。
— はい，私たちは列車で旅をしています。

＊「もちろん，～する」は **Certo che** ～。

★余裕があれば！

-are 動詞の活用（4）「彼は～する」「彼らは～する」の表現

130

-are 動詞の活用語尾は，3 人称単数では **-a**，3 人称複数では **-ano** となります。例えば parlare であれば，「彼は話す」は lui parla，「彼らは話す」は loro parlano です。**ポイント**③でも指摘しましたが，3 人称複数形のアクセントの位置は単数形と同じ母音です。

□	Mia moglie parla bene italiano.	私の妻はイタリア語を上手に話せます。
□	Mio figlio viaggia in Europa in macchina.	私の息子は車でヨーロッパを旅行しています。
□	Quel signore canta bene le canzoni napoletane.	あの男性はナポリ民謡をうまく歌います。
□	I miei genitori abitano a Firenze.	私の両親はフィレンツェに住んでいます。
□	Tutti i miei amici amano l'Italia.	私の友人は皆，イタリアを愛しています。
□	Gli studenti aspettano il professore.	学生たちは先生（男）を待っています。

＊ **tutto**「全ての」。

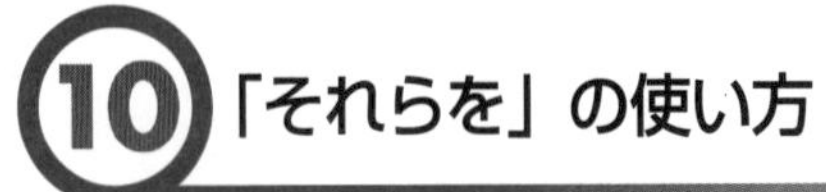

10 「それらを」の使い方

131

ポイント⑥で学んだ人称代名詞の直接補語ですが，複数名詞を代名詞に置きかえたいとき，つまり「それらを」と言いたい場合は，男性名詞を指すときは **li**，女性名詞のときは **le** となります。どちらも lo や la と同様，原則，動詞の直前に置きます。

□ Mangiate spesso gli spaghetti ?	きみたちはスパゲッティをしょっちゅう食べますか。
□ – Sì, li mangiamo quasi ogni giorno.	— はい，それらをほぼ毎日，食べています。
□ Amate le scarpe americane ?	きみたちはアメリカ製の靴が大好きですか。
□ – No, non le amiamo.	— いいえ，それらを大好きではありません。

＊ **quasi**「ほぼ」，**ogni giorno**「毎日」。

11 所有形容詞（3）「私たちの」「きみたちの」「彼らの」「彼女らの」

132

すでに 8 課で見たように，所有形容詞は原則，定冠詞と共に用い，修飾する名詞の性と数によって基本形の語尾が変わります。ただし **loro**「彼らの」「彼女らの」は例外で，どの名詞を修飾する場合でも形は変わりません。また通常，家族を表す単数名詞にかかるときには定冠詞は省かれますが，loro では常に定冠詞をともないます。

基本形	対男性名詞		対女性名詞	
	単数	複数	単数	複数
□ nostro	nostro	nostri	nostra	nostre
□ vostro	vostro	vostri	vostra	vostre
□ loro	**loro**	**loro**	**loro**	**loro**

【単数】	【複数】	
□ il nostro professore	i nostri professori	私たちの先生（男）
□ la nostra professoressa	le nostre professoresse	私たちの先生（女）
□ il vostro amico	i vostri amici	きみたちの友だち（男）
□ la vostra amica	le vostre amiche	きみたちの友だち（女）
□ il loro fratello	i loro fratelli	彼ら［彼女ら］の兄（弟）
□ la loro sorella	le loro sorelle	彼ら［彼女ら］の姉（妹）

133

▶声に出して言ってみよう④

イタリア語で言ってみてください。

1. きみたちの娘は何を勉強しているの？
— 彼女はフィレンツェでイタリア語を勉強しています。
2. きみたちの友人たちはヨーロッパに旅行するのですか。
— はい，彼らは車で旅します。
3. イタリア人たちはしょっちゅうスパゲッティを食べますか。
— はい，彼らはほぼ毎日，それらを食べています。
4. 日本人たちはイタリア製の靴が大好きですか。
— ええ，彼らはそれらが大好きです。
5. きみたちはしょっちゅうナポリ民謡を歌うのですか。
— いいえ，それらをしょっちゅうは歌いません。

★最後にコレ！

12 音声を聴いて答えよう！

134

以下のヒントをもとに音声の問いかけに答えてみてください。

1.	少し
2.	東京
3.	学生（女性）
4.	イタリア史

第11課 -ere動詞の用法をマスターしよう！

★まずはコレ！

-ere動詞の直説法現在の規則活用 135

-ere動詞の直説法現在で規則的に活用する動詞は，原形からereを削除した形（語幹）に活用語尾（-o, -i, -e, -iamo, -ete, -ono）をつけます。まずは**conoscere**「知っている」，**leggere**「読む」，**prendere**「取る」「注文する」「乗る」，**scrivere**「書く」，**ricevere**「受け取る」，**vedere**「見る」「会う」の活用を，主語と一緒に声に出して言ってみましょう。

	主語	活用語尾	conoscere 知っている	leggere 読む	prendere 取る，注文する，乗る	scrivere 書く	ricevere 受け取る	vedere 見る，会う
□	io	-o	conosco	leggo	prendo	scrivo	ricevo	vedo
□	tu	-i	conosci	leggi	prendi	scrivi	ricevi	vedi
□	lui lei Lei	-e	conosce	legge	prende	scrive	riceve	vede
□	noi	-iamo	conosciamo	leggiamo	prendiamo	scriviamo	riceviamo	vediamo
□	voi	-ete	conoscete	leggete	prendete	scrivete	ricevete	vedete
□	loro Loro	-ono	conoscono	leggono	prendono	scrivono	ricevono	vedono

＊-are動詞の活用と同様，3人称複数形は単数形と同じところにアクセントがきます。例えばprendonoはprendeと同じ位置ですから，［プ**レ**ンドノ］であり［プレン**ドー**ノ］にはなりません。

＊conoscereのioとloroの活用（conosco, conoscono），leggereのioとloroの活用（leggo, leggono）の発音に気をつけてください。conoscoは［コ**ノ**スコ］であり［コノショ］ではないし，leggoは［**レ**ッゴ］であり［レッジョ］ではありません。

基本的な–ere動詞と補語の組み合わせ 136

ポイント①で挙げた動詞を，以下の補語との組み合わせで覚えていきましょう。

□	**conoscere il signor Bianchi**	ビアンキさん（男）を知っている
□	**leggere il giornale ogni giorno**	毎日，新聞を読む

☐ **prendere il treno per Napoli**	ナポリ行きの電車に乗る
☐ **scrivere una e-mail a［人］**	［人］にＥメールを書く
☐ **ricevere una lettera da［人］**	［人］から手紙を受け取る
☐ **vedere un film**	映画を見る

3 -ere 動詞の活用（1）「私は〜する」「きみは〜する」「あなたは〜します」の表現

137

-ere 動詞では，io が主語のときの活用語尾は -o，tu では -i，Lei では -e となります。-are 動詞と比べると Lei の活用語尾が異なるので，注意してください。

☐ Che film vedi stasera ?	今晩，きみは何の映画を見るの？
☐ – Vedo un film americano.	― 私はアメリカ映画を見ます。
☐ Lei prende questo treno ?	あなたはこの電車に乗るのですか。
☐ – No, prendo il treno per Napoli.	― いいえ，ナポリ行きの電車に乗ります。
☐ Lei conosce Parma ?	あなたはパルマに行ったことがありますか。
☐ – Sì, la conosco abbastanza bene.	― はい，その町にはかなり詳しいです。

＊**conoscere** の後ろに都市名を置くと，「〜に行ったことがある」の意味になります。
＊**abbastanza**「かなり，結構，まあまあ」。

4 人称代名詞の直接補語（1）

138

10 課では「それを」「それらを」の言い方を学びましたが，人を表す「私を」「きみを」「彼を」「彼女を」「あなたを」は，以下の表のようになります。置く位置は原則，動詞の直前です。

		主格	直接補語
☐ 単数形	1人称	io	**mi**
☐	2人称	tu	**ti**
☐	3人称	lui	**lo**
☐		lei	**la**
☐		Lei	**La**

Mi ami ? – Certo che ti amo.	私のことを愛している？ — もちろん，きみを愛しているよ。
Vedi Maria domani ? – Sì, la vedo a scuola.	明日，きみはマリーアに会いますか。 — はい，学校で彼女に会います。
Lei conosce il signor Bianchi ? – No, non lo conosco.	あなたはビアンキさん（男）をご存知ですか。 — いいえ，彼のことは知りません。

139

▶声に出して言ってみよう①

イタリア語で言ってみてください。

1. きみは毎日，新聞を読みますか。
 — いいえ，私はそれを毎日は読みません。
2. あなたはお父さんにEメールを書きますか。
 — ええ，私はそれを書きます。
3. きみはどこで私を待っていてくれますか。
 — 私はきみを家で待っています。
4. あなたはあの女性（既婚）をご存知ですか。
 — ええ，彼女のことをかなりよく知っています。

★次にコレ！

-ere 動詞の活用（2）「私たちは〜する」「きみたちは〜する」の表現

140

-ere 動詞の noi が主語のときの活用語尾は **-iamo**，voi のときは **-ete** になります。

Prendete spesso il caffè ? – Sì, lo prendiamo ogni giorno.	きみたちはしょっちゅうコーヒーを飲みますか。 — はい，私たちはそれを毎日，飲みます。
Conoscete Bologna ? – No, non la conosciamo.	きみたちはボローニャに行ったことがありますか。 — いいえ，私たちは行ったことがありません。
Leggete romanzi ? – Sì, li leggiamo qualche volta.	きみたちは小説を読みますか。 — はい，私たちはそれらを時々，読みます。

＊ **qualche volta**「時々」。

6 冠前置詞（1）

141

前置詞の後にはしばしば名詞がきますが，その名詞にかかる定冠詞と前置詞が連結された形を冠前置詞と言います。まずは代表的な前置詞 **di**「～の」，**a**「～に」，**da**「～から」，**in**「～に」「～の中に」が，基本的な定冠詞（**il**，**la**，**i**，**le**）と連結する形を覚えてください。

□	**del**	（= di + il）	**della**	（= di + la）	**dei**	（= di + i）	**delle**	（= di + le）
□	**al**	（= a + il）	**alla**	（= a + la）	**ai**	（= a + i）	**alle**	（= a + le）
□	**dal**	（= da + il）	**dalla**	（= da + la）	**dai**	（= da + i）	**dalle**	（= da + le）
□	**nel**	（= in + il）	**nella**	（= in + la）	**nei**	（= in + i）	**nelle**	（= in + le）

□	Questo è il vino della casa.	これはハウス・ワインです。
□	Vediamo l'opera lirica una volta al mese.	私たちは月に 1 回，オペラを見ます。
□	Ti aspettiamo alla stazione.	私たちはきみを駅で待ちます。
□	Ricevo spesso lettere dai miei genitori.	私はしょっちゅう両親から手紙を受け取ります。

＊ **opera lirica**「オペラ」，**una volta al mese**「月に 1 回」。

142

▶声に出して言ってみよう②

イタリア語で言ってみてください。

1. きみたちはどのワインを注文しますか。
   — 私たちはハウス・ワインを注文します。
2. きみたちはしょっちゅうオペラを見ますか。
   — はい，私たちは月に 1 回，それを見ます。
3. きみたちはご両親に E メールを書いていますか。
   — はい，私たちはそれらを毎日，書いています。
4. きみたちは友人たちからしょっちゅう手紙を受け取りますか。
   — いいえ，私たちはそれらを時々，受け取ります。

★さらにコレ！

7 レストランで役に立つ表現

🎧 143

prendereを用いた以下の表現を覚えておくと，旅行で役に立つはずです。

□ Che cosa prendete da bere ?	《複数の客に》お飲み物は何になさいますか。
□ – Prendiamo una bottiglia di vino rosso della casa e una (bottiglia) di acqua minerale naturale.	— ハウス・ワインの赤とガスの入っていない水をボトルでお願いします。

＊**da bere**は「飲むべき」という意味ですが，そこから「飲み物として」という意味になります。飲み物はワインと水をボトルで注文することが多いです。水は炭酸ガスが入っていないもの（**naturale**）と入っているもの（**frizzante**，**gassata**）があります。

□ Che cosa prendete come primo piatto ?	プリーモ・ピアットは何になさいますか。
□ – Prendo gli spaghetti alle vongole.	— 私はあさりのスパゲッティにします。

＊**primo piatto**は「最初の料理」という意味で，パスタやスープの類を指します。**gli spaghetti al pomodoro**「トマト・ソースのスパゲッティ」や**le fettuccine ai funghi**「きのこソースのフェットゥッチーネ」などがあります。

□ Che cosa prendete come secondo piatto ?	セコンド・ピアットは何になさいますか。
□ – Prendo una bistecca alla fiorentina.	— 私はフィレンツェ風ステーキにします。

＊**secondo piatto**は「二番目の料理」という意味で，肉や魚のメイン・ディッシュのことです。**le scaloppine al limone**「レモン・ソースのスカロッピーネ（薄切りの牛肉）」や**il vitello alla griglia**「仔牛のグリル」などがあります。

レストランで食べることができる主な料理を83ページの「メニュー」に挙げておいたので参考にしてください。

8 基数（20 ～ 100）

144

20 ～ 99 の数字では，10 の位を言った後に 1 の位を付ければ OK です。そのとき，1 の位が 1 か 8 の場合は直前の母音が消失することに気をつけてください。

□	20	**venti**
□	21	**ventuno**
□	22	**ventidue**
□	23	**ventitré**
□	24	**ventiquattro**
□	25	**venticinque**
□	26	**ventisei**
□	27	**ventisette**
□	28	**ventotto**
□	29	**ventinove**

□	30	**trenta**
□	40	**quaranta**
□	50	**cinquanta**
□	60	**sessanta**
□	70	**settanta**
□	80	**ottanta**
□	90	**novanta**
□	100	**cento**

□	Senta, signore！ Il conto, per favore.	《男性店員に》すみません，会計をお願いします。
□	– Ventuno euro e trenta (centesimi).	— 21 ユーロ 30 セントです。
□	– Settantotto euro e cinquanta (centesimi).	— 78 ユーロ 50 セントです。

＊ conto「会計，勘定」。

▶声に出して言ってみよう③

イタリア語で言ってみてください。

1. 《複数の客に》お飲み物は何になさいますか。
   — ハウス・ワインの白とガスの入っていない水をボトルでお願いします。
2. 《単数の客に》プリーモ・ピアットは何になさいますか。
   — 私はミートソースのスパゲッティにします。
3. 《単数の客に》セコンド・ピアットは何になさいますか。
   — 私はレモン・ソースのスカロッピーネにします。
4. 会計をお願いします。
   — 89 ユーロ 50 セントです。

★余裕があれば！

-ere 動詞の活用（3）主語が 3 人称でも言えるように

🎧 146

-ere 動詞で 3 人称が主語になる場合，単数形の活用語尾は **-e**，複数形は **-ono** となります。

□	Mio marito prende una bottiglia di birra.	私の夫はビールをボトルで注文します。
□	I miei nonni prendono l'aereo per Roma domani.	私の祖父母は明日，ローマ行きの飛行機に乗ります。
□	La mia amica legge sempre il giornale.	私の友だち（女）はいつも新聞を読んでいます。
□	Molti italiani leggono questo romanzo.	多くのイタリア人はこの小説を読んでいます。

＊ **sempre**「いつも，常に」，**aereo**「飛行機」，**romanzo**「小説」。

人称代名詞の直接補語（2）

🎧 147

ポイント④に引き続き，人称代名詞の直接補語を覚えましょう。「私たちを」「きみたちを」「彼らを」「彼女らを」「あなたがたを」は以下の表のようになります。「あなたがたを」の **Le** は，日常会話では **vi** でよく代用されます。

			主格	直接補語
□	複数形	1 人称	noi	**ci**
□		2 人称	voi	**vi**
□		3 人称	loro	**li**
□			loro	**le**
□			Loro	**Le**

□	Dove ci aspettate ?	きみたちはどこで私たちを待っていてくれますか。
□	– Vi aspettiamo davanti al Duomo.	― きみたちを大聖堂の前で待っています。

□ □	I tuoi genitori conoscono quei signori ? – Sì, li conoscono molto bene.	きみの両親はあの男性たちを知っていますか。 — はい，彼らのことをよく知っています。
□ □	Il direttore vede le tue sorelle stasera ? – No, le vede domani sera.	社長は今晩，きみの姉妹に会うのですか。 — いいえ，彼は彼女たちに明日の夜，会います。

＊**davanti a**「〜の前に」。**direttore**「(男性の) 社長，マネージャー，ディレクター」。

11 冠前置詞 (2)

148

ポイント⑥で挙げた冠前置詞が覚えられたら，以下の特殊な定冠詞と連結する形もおさえておいてください。

□	**dell'**	(= di + l')	**dello**	(= di + lo)	**degli**	(= di + gli)
□	**all'**	(= a + l')	**allo**	(= a + lo)	**agli**	(= a + gli)
□	**dall'**	(= da + l')	**dallo**	(= da+ lo)	**dagli**	(= da + gli)
□	**nell'**	(= in + l')	**nello**	(= in + lo)	**negli**	(= in + gli)

□	Quella è la Galleria degli Uffizi.	あれはウフィツィ美術館です。
□	Il professore vi aspetta all'università.	先生がきみたちを大学で待っています。
□	Riceviamo spesso notizie dagli amici italiani.	私たちはイタリア人の友人たちからしばしばお知らせを受け取ります。
□	Ci sono molti studenti giapponesi nell'aula di quella scuola.	その学校の教室にはたくさんの日本人学生がいます。

＊**professore** は主に大学，高校，中学校の先生のことで，より一般的な「教師」は **insegnante** と言います。**aula**「教室」。

149

▶声に出して言ってみよう④

イタリア語で言ってみてください。

1. 社長が明日の夜，あなたがたに会われます。
2. 私の先生はウフィッツィ美術館に詳しいです。
3. 多くの日本人はこの本を読んでいます。
4. 私の幼い子供たちは先生たちにしょっちゅう手紙を書いています。

★最後にコレ！

音声を聴いて答えよう！

以下のヒントをもとに音声の問いかけに答えてみてください。

1.	ハウス・ワインの白をボトルで
2.	私はあさりのスパゲッティ，妻はきのこのフェットゥッチーネ
3.	フィレンツェ風ステーキ

Il Menu

★ **Antipasti**（前菜）	
antipasto misto	前菜の盛り合わせ
carpaccio	カルパッチョ
crostini	クロスティーニ，カナッペ
prosciutto crudo e melone	生ハムとメロン
affettati misti	生ハムとサラミの盛り合わせ

★ **Primi piatti**（パスタ&スープ）	
minestrone	ミネストローネ
spaghetti al pomodoro	トマトソースのスパゲティ
spaghetti alle vongole	アサリのスパゲティ
tagliatelle al ragù	ミートソースのタリアテッレ
fettuccine alla panna	クリームソースのフェットゥッチーネ
tortellini alla panna	クリームソースのトルテッリーニ
penne all'arrabbiata	辛口トマトソースのペンネ
risotto alla milanese	（サフランの入った）ミラノ風リゾット
risotto al nero di seppia	イカ墨のリゾット
zuppa di verdure	野菜のスープ
lasagna	ラザニア

★ **Secondi piatti**（メイン・ディッシュ）	
bistecca alla fiorentina	フィレンツェ風Tボーンステーキ
scaloppine al limone	レモンソースの薄切り牛肉
filetto di manzo ai ferri	牛のヒレ肉の鉄板焼き
vitello alla griglia	仔牛のグリル
agnello al forno	仔羊のオーブン焼き
pollo arrosto	ローストチキン
cotoletta alla milanese	ミラノ風カツレツ
scampi alla griglia	手長エビのグリル
spigola alla griglia	スズキのグリル
zuppa di pesce	魚介類のスープ煮

★ **Contorni**（付け合せ）	
insalata verde	グリーンサラダ
insalata mista	ミックスサラダ
patate arrosto	ローストポテト
patate fritte	フライドポテト
fagiolini all'agro	インゲン豆のワインビネガー（あるいはレモン）和え
spinaci al burro	ほうれん草のバターソテー

★ **Dolci**（デザート）	
gelato	アイスクリーム
sorbetto	シャーベット
torta di mele	アップルタルト
tiramisù	ティラミス
panna cotta	パンナコッタ
macedonia di frutta	フルーツポンチ

第12課　-ire 動詞の用法をマスターしよう！

★まずはコレ！

-ire 動詞の直説法現在の規則活用　151

-ire 動詞の直説法現在で規則的に活用する動詞は，原形から ire を削除した形（語幹）に活用語尾 (-o, -i, -e, -iamo, -ite, -ono) をつけます。-ere 動詞の活用と異なるのは，voi の形のみです。まずは **aprire**「開ける」「開く」，**partire**「出発する」，**dormire**「寝る」，**offrire**「提供する」「おごる」，**sentire**「感じる」「聞く」の活用を，主語と一緒に声に出して言ってみましょう。

	主語	活用語尾	**aprire** 開ける，開く	**partire** 出発する	**dormire** 寝る	**offrire** 提供する，おごる	**sentire** 感じる，聞く
□	io	-o	apro	parto	dormo	offro	sento
□	tu	-i	apri	parti	dormi	offri	senti
□	lui lei Lei	-e	apre	parte	dorme	offre	sente
□	noi	-iamo	apriamo	partiamo	dormiamo	offriamo	sentiamo
□	voi	-ite	aprite	partite	dormite	offrite	sentite
□	loro Loro	-ono	aprono	partono	dormono	offrono	sentono

基本的な -ire 動詞と補語の組み合わせ　152

ポイント①で挙げた動詞を，以下の補語との組み合わせで覚えていきましょう。

□	**aprire la finestra**	窓を開ける
□	**partire per il Giappone**	日本へ向けて発つ
□	**dormire bene ogni notte**	毎夜，よく眠れる
□	**offrire un caffè**	１杯のコーヒーをおごる［ごちそうする］
□	**sentire la voce**	声を聞く

③ -ire 動詞の活用（1）「私は～する」「きみは～する」「あなたは～します」の表現

153

-ire 動詞では，io が主語のときの活用語尾は -o，tu では -i，Lei では -e と，-ere 動詞とまったく同じ形になります。

□ Francesco, apri la finestra ?	フランチェスコ，窓を開けてくれる？
□ – Sì, la apro subito.	—いいよ，すぐにそれを開けるよ。
□ Maria, mi senti ?	マリーア，私の声が聞こえる？
□ – No, purtroppo non ti sento bene.	—いいえ，残念ながらきみの声はよく聞こえません。
□ Lei parte per il Giappone stasera ?	あなたは今晩，日本へ発たれるのですか。
□ – No, parto domani sera.	—いいえ，私は明日の夜に立ちます。

＊ **subito**「すぐに」，**purtroppo**「残念ながら」。

④ 時間を示す副詞・副詞句

154

現在形でよく使う，時間を示す副詞と副詞句をまとめておきましょう。

□ **oggi**	今日
□ **domani**	明日
□ **stamattina**	今朝
□ **stasera**	今晩

□ **fra ～**	～後に
□ **fra cinque minuti**	5 分後に
□ **fra tre giorni**	3 日後に
□ **la settimana prossima**	来週
□ **il mese prossimo**	来月
□ **l'anno prossimo**	来年
□ **in questi giorni**	ここ何日かにおいて
□ **recentemente**	最近
□ **il primo**	ついたち
□ **il**［基数 2 ～ 31］	～日

□	Oggi è il primo gennaio.	今日は 1 月 1 日です。
□	Che giorno del mese è oggi ?	今日は何日ですか。
□	– Oggi è il diciassette.	— 17 日です。
□	Quando torna Lei in Italia ?	いつあなたはイタリアへ戻られるのですか。
□	– Torno il ventuno.	— 私は 21 日に戻ります。

＊**gennaio**「1 月」, **quando**「いつ」。

155

▶声に出して言ってみよう①

イタリア語で言ってみてください。

1. きみはいつ東京へ発つの？
 — 私は来週，発ちます。
2. あなたはここ数日，よく眠れていますか。
 — はい，私はとてもよく眠れています。
3. 《既婚の女性に対して呼びかけて》私の声が聞こえていますか。
 — ええ，あなたの声はとてもよく聞こえますよ。

★次にコレ！

-ire 動詞の活用（2）「私たちは～する」「きみたちは～する」の表現

-ire 動詞の noi が主語のときの活用語尾は **-iamo**，voi のときは **-ite** になります。

□	Quando aprite il negozio ?	きみたちはいつお店をオープンするのですか。
□	– Lo apriamo il mese prossimo.	— 私たちはそれを来月，オープンします。
□	Quante ore dormite di solito ?	きみたちは普段，何時間，寝ますか。
□	– Dormiamo circa sette ore.	— 私たちはおおよそ 7 時間寝ます。
□	Sentite la voce del professore ?	きみたちは先生（男）の声が聞こえますか。
□	– No, non la sentiamo per niente.	— いいえ，まったく聞こえません。

＊**di solito**「普段」, **circa**「およそ」。

6 人称代名詞の間接補語（1）

157

10 課と 11 課で，人称代名詞の直接補語を学びましたが，ここでは間接補語の使い方を身につけましょう。日本語にすると直接補語は「～を」となりましたが，間接補語は「～に」と訳すことができます。まずは「私に」「きみに」「彼に」「彼女に」「あなたに」という言い方を覚えましょう。

			主格	直接補語	間接補語
□	単数形	1 人称	io	mi	**mi**
□		2 人称	tu	ti	**ti**
□		3 人称	lui	lo	**gli**
□			lei	la	**le**
□			Lei	La	**Le**

＊1 人称と 2 人称では直接補語と間接補語は同じ形になります。

□	Ti scrivo una lettera dall'Italia.	私はきみにイタリアから手紙を書きます。
□	Le offro un caffè.	私はあなたに 1 杯のコーヒーをごちそうします。
□	Ti telefono dopo.	私はあとできみに電話します。
□	Che cosa regali a tuo marito ?	きみはきみの夫に何をプレゼントするのですか。
□	– Gli regalo una cravatta.	— 私は彼にネクタイをプレゼントします。

＊**dopo**「あとで」。**telefonare**「電話する」，**regalare**「プレゼントする」。

▶声に出して言ってみよう②

イタリア語で言ってみてください。

1. きみたちはいつ日本へ発つのですか。
   — 私たちは 15 日に発ちます。
2. きみたちは普段，何時間寝るの？
   — 私たちはおおよそ 8 時間寝ます。
3. きみは私に何をプレゼントしてくれるのですか。
   — 私はきみにカバンをプレゼントします。

★さらにコレ！

時間の表現（1）

🎧 159

現在の時刻を聞いたり答えられるようになりましょう。1 時は l'ora una の ora が省略されて **l'una**, 2 時は le ore due の ore が省かれて **le due** となります。動詞は essere を用います。

☐	Che ora è ?	何時ですか。
☐	Che ore sono ?	何時ですか。

＊どちらも同じ意味で使われます。**ora**「～時，時間」。

☐	È l'una.	1 時です。
☐	Sono le due.	2 時です。
☐	È mezzogiorno.	昼の 12 時です。
☐	È mezzanotte.	夜中の 12 時です。

☐	Sono le tre e uno.	3 時 1 分です。
☐	Sono le quattro e mezzo.	4 時半です。
☐	Sono le cinque e un quarto.	5 時 15 分 (1/4) です。
☐	Sono le sei e tre quarti.	6 時 45 分 (3/4) です。
☐	Sono le sette meno dieci.	7 時 10 分前です。

＊ **mezzo**「～半」，**quarto**「15 分」，**meno**「《時刻》～前」。

8 時間の表現（2）

🎧 160

ここでは「～時に」という言い方を覚えましょう。前置詞は **a** を用いて，「1 時に」は **all'una**,「2 時に」は **alle due**,「昼の 12 時に」は **a mezzogiorno**,「何時に」は **a che ora** となります。

☐	A che ora parti per Venezia ?	きみは何時にヴェネツィアへ発つのですか。
☐	– Parto all'una.	— 私は 1 時に発ちます。
☐	– Parto alle due.	— 私は 2 時に発ちます。
☐	– Parto a mezzogiorno.	— 私は昼の 12 時に発ちます。

□	A che ora arrivi a casa stasera ?	きみは今晩，何時に家に着きますか。
□	– Arrivo alle otto di sera.	— 私は夜の 8 時に着きます。

＊arrivare「到着する」。

161

▶声に出して言ってみよう③

イタリア語で言ってみてください。

1. 何時ですか。
   — 1 時半です。
2. 18 時 20 分です。
3. きみは何時にローマへ発つの？
   — 私は昼の 12 時 15 分に発ちます。

★余裕があれば！

-ire 動詞の活用（3）主語が 3 人称でも言えるように

162

-ire 動詞で 3 人称が主語になる場合，-ere 動詞とまったく同じように，単数形の活用語尾は **-e**，複数形は **-ono** となります。

□	A che ora partono per Tokyo i tuoi amici ?	きみの友だちは何時に東京へ発つのですか。
□	– Partono a mezzogiorno.	— 彼らは昼の 12 時に発ちます。
□	Gli studenti dormono bene in questi giorni ?	学生たちはここ数日，よく眠れていますか。
□	– No, dormono poco.	— いいえ，彼らはあまり眠れていません。
□	I bambini aprono il libro e lo leggono.	幼児たちは本を開き，それを読んでいます。

＊in questi giorni「ここ数日」。

人称代名詞の間接補語（2） 163

ポイント⑥に引き続き，人称代名詞の間接補語を覚えましょう。「私たちに」「きみたちに」「彼らに」「彼女らに」「あなたがたに」は以下の表のようになります。「あなたがたに」の Gli は，日常会話では vi で代用されることが多いです。

			主格	直接補語	間接補語
☐	複数形	1人称	noi	ci	**ci**
☐		2人称	voi	vi	**vi**
☐		3人称	loro	li	**gli**
☐			loro	le	**gli**
☐			Loro	Le	**Gli**

☐	Ci scrivi una lettera da Tokyo?	きみは私たちに東京から手紙を書いてくれますか。
☐	Vi offriamo la cena stasera.	私たちはきみたちに今晩，夕食をごちそうします。
☐	Che cosa insegni agli studenti?	きみは学生たちに対して，何を教えているのですか。
☐	– Gli insegno storia dell'arte.	— 私は彼らに美術史を教えています。

＊ **da**「～から」，**insegnare**「教える」。

11 基数（100以上） 164

100 ～ 900 までは百の位の数字に cento を単純に付けるだけです。千は **mille** と言い，2 千以降は，2 ～ 999 の数字を言った後に **mila** を付けます。百万は **un milione** となり，10 億は **un miliardo** になります。

☐	100	**cento**
☐	200	**duecento**
☐	300	**trecento**
☐	400	**quattrocento**
☐	500	**cinquecento**
☐	600	**seicento**
☐	700	**settecento**
☐	800	**ottocento**
☐	900	**novecento**

☐	1,000	**mille**
☐	2,000	**duemila**
☐	10,000	**diecimila**
☐	100,000	**centomila**
☐	1,000,000	**un milione**
☐	2,000,000	**due milioni**
☐	10,000,000	**dieci milioni**
☐	100,000,000	**cento milioni**
☐	1,000,000,000	**un miliardo**

165

▶声に出して言ってみよう④

イタリア語で言ってみてください。

1. ビアンキ夫妻は明日の夜，私たちに夕食をごちそうしてくださいます。
2. きみはきみの両親にしょっちゅう電話していますか。
   ― いいえ，彼らに頻繁には電話していません。
3. 今晩，きみの友人たちはどこで寝るのですか。
   ― 彼らは私の家で寝ます。

★最後にコレ！

音声を聴いて答えよう！

166

以下のヒントをもとに音声の問いかけに答えてみてください。

1.	来週
2.	21 時 40 分
3.	夜中の 0 時
4.	約 6 時間

第13課 -ire 動詞（イスコ型）の用法をマスターしよう！

★まずはコレ！

-ire 動詞（イスコ型）の直説法現在の規則活用 167

-ire 動詞の直説法現在の活用語尾は (-o, -i, -e, -iamo, -ite, -ono) でしたが，**capire**「理解する」，**finire**「終える」「終わる」，**preferire**「より好む」，**spedire**「送る」，**pulire**「掃除する」といった動詞の活用は，noi と voi を除いてこの活用語尾の前に isc を置いて (**-isco, -isci, -isce, -iamo, -ite, -iscono**) となります。他の活用形につられて，noi と voi においても -isc をつけないように注意しながら，これまでのように，上記の動詞の活用を主語とともに声に出して言ってみてください。

	主語	活用語尾	**capire** 理解する	**finire** 終える，終わる	**preferire** より好む	**spedire** 送る	**pulire** 掃除する
□	io	-isco	capisco	finisco	preferisco	spedisco	pulisco
□	tu	-isci	capisci	finisci	preferisci	spedisci	pulisci
□	lui lei Lei	-isce	capisce	finisce	preferisce	spedisce	pulisce
□	noi	-iamo	capiamo	finiamo	preferiamo	spediamo	puliamo
□	voi	-ite	capite	finite	preferite	spedite	pulite
□	loro Loro	-iscono	capiscono	finiscono	preferiscono	spediscono	puliscono

基本的な -ire 動詞（イスコ型）と補語の組み合わせ 168

ポイント①で挙げた動詞を，以下の補語との組み合わせで覚えていきましょう。

□	**capire la lezione**	授業［講義］を理解する
□	**finire i compiti**	宿題［課題］を仕上げる
□	**preferire il pesce alla carne**	肉よりも魚の方を好む
□	**spedire un pacco in Giappone**	小包を日本へ送る
□	**pulire la camera**	部屋を掃除する

＊ pesce「魚」，carne「肉」，pacco「小包」。

3 -ire 動詞（イスコ型）の活用（1）「私は～する」「きみは～する」「あなたは～します」の表現

169

-ire 動詞（イスコ型）では，io が主語のときの活用語尾は **-isco**，tu では **-isci**，Lei では **-isce** となります。

□ Capisci la lezione di italiano ?	きみはイタリア語の授業を理解していますか。
□ – Sì, la capisco benissimo.	—はい，私はそれをとてもよく理解しています。
□ Finisci i compiti entro questa settimana ?	きみは今週中に課題を仕上げられますか。
□ – Certo che li finisco.	— もちろん，私はそれらを仕上げます。
□ Spedisci questo pacco a Tokyo ?	きみはこの小包を東京に送るのですか。
□ – Sì, lo spedisco per via aerea.	— はい，私はそれを航空便で送ります。

＊ **entro questa settimana**「今週中に」，**per via aerea [mare]**「航空便［船便］で」。

4 preferire を用いた好みの表現

170

preferire を用いて，「あなたはAとBではどちらがお好きですか。」と言うことができます。疑問代名詞の **quale**「どちらを」を使う表現と，それを使わないよりシンプルな言い方があります。

Preferisce A o B ?	あなたはAとBではどちらがお好きですか。

□ Preferisce il caffè o il tè ?	あなたはコーヒーとお茶ではどちらがお好きですか。
□ – Preferisco il caffè.	— 私はコーヒーの方が好きです。

Quale preferisce, A o B ?	あなたはAとBではどちらがお好きですか。

□ Quale preferisce, il vino o la birra ?	あなたはワインとビールではどちらがお好きですか。
□ – Preferisco il vino.	— 私はワインの方が好きです。

preferire A a B	BよりもAの方が好きです。

□	Preferisco il pesce alla carne.	私は肉よりも魚の方が好きです。
□	Preferisci i cani ai gatti ?	きみは猫よりも犬の方が好きなのですか。

171

▶声に出して言ってみよう①

イタリア語で言ってみてください。

1. 今晩，きみは何時に仕事を終えますか。
   — 私はそれを７時に終えます。
2. あなたはこれらの本を日本へ送られるのですか。
   — はい，それらを航空便で送ります。
3. あなたはスパゲッティとフェットゥッチーネではどちらがお好きですか。
   — 私はスパゲッティの方が好きです。

★次にコレ！

-ire 動詞（イスコ型）の活用（2）「私たちは～する」「きみたちは～する」の表現

-ire 動詞（イスコ型）の noi と voi が主語のときの活用語尾は，-ire 動詞の標準型と同じ **-iamo** と **-ite** になります。

□	Preferite l'acqua naturale o l'acqua frizzante ?	きみたちはガスの入っていない水と入っている水ではどちらが好きですか。
□	– Preferiamo l'acqua frizzante.	— 私たちはガスの入っている水の方が好きです。
□	Capite la mia spiegazione ?	きみたちは私の説明を理解していますか。
□	– Sì, la capiamo bene.	— はい，私たちはそれをよく理解しています。
□	Pulite la vostra camera ?	きみたちは自分たちの部屋を掃除していますか。
□	– Sì, la puliamo una volta alla settimana.	— はい，私たちは週に１回，それを掃除しています。

＊ **spiegazione**「説明」。

人称代名詞の直接補語と間接補語の連結形（1）

🎧 173

11 課と 12 課で学んだ人称代名詞の直接補語と間接補語を連結する言い方があります。いろいろな組み合わせが考えられますが，取りあえずは使う可能性の高い以下の連結形を覚えておけばいいでしょう。

□	**me lo**	（= mi+lo）	**me la**	（= mi+la）	私にそれを
□	**me li**	（= mi+li）	**me le**	（= mi+le）	私にそれらを
□	**te lo**	（= ti+lo）	**te la**	（= ti+la）	きみにそれを
□	**te li**	（= ti+li）	**te le**	（= ti+le）	きみにそれらを
□	**Glielo**	（= Le+lo）	**Gliela**	（= Le+la）	あなたにそれを
□	**Glieli**	（= Le+li）	**Gliele**	（= Le+le）	あなたにそれらを

□	Mi offri un bicchiere di grappa ?	きみは私に1杯のグラッパをごちそうしてくれますか。
□	– Sì, te lo offro volentieri.	— ええ，きみにそれを喜んでごちそうします。
□	Lei mi scrive una lettera da Roma ?	あなたは私にローマから手紙を書いてくれますか。
□	– Sì, Gliela scrivo senz'altro.	— はい，私はあなたにそれを必ず書きます。

＊ **volentieri**「喜んで，快く」，**senz'altro**「必ず，きっと」。

🎧 174

▶声に出して言ってみよう②

イタリア語で言ってみてください。

1. きみたちは白ワインと赤ワインではどちらをお好みですか。
   — 私たちは赤ワインの方が好きです。
2. きみたちはあの先生の授業を理解していますか。
   — いいえ，私たちはそれをきちんと理解していません。
3. きみは私に1杯のコーヒーをごちそうしてくれますか。
   — はい，私はきみにそれを喜んでごちそうします。
4. あなたは今晩，私にEメールを送ってくれますか。
   — はい，私はあなたにそれを必ず送ります。

★さらにコレ！

旅行に役立つ時間の表現

175

partire や arrivare を用いて電車やバス，飛行機の出発・到着時刻，aprire や chiudere で店やレストランなどの開店と閉店の時間，cominciare や finire で映画やコンサートの開始と終了時間を聞けるようになりましょう。

☐	A che ora parte questo treno ?	この電車は何時に出発しますか。
☐	A che ora arriva questo aereo a Roma ?	この飛行機は何時にローマに着きますか。
☐	A che ora apre la banca ?	銀行は何時に開きますか。
☐	A che ora chiude questo negozio ?	この店は何時に閉まりますか。
☐	A che ora comincia quel concerto ?	あのコンサートは何時に始まりますか。
☐	A che ora finisce questo film ?	この映画は何時に終わりますか。

8 曜日の表現

176

☐	平日	**giorni feriali**
☐	祝日	**giorni festivi**

☐	月曜日	**lunedì**
☐	火曜日	**martedì**
☐	水曜日	**mercoledì**
☐	木曜日	**giovedì**
☐	金曜日	**venerdì**
☐	土曜日	**sabato**
☐	日曜日	**domenica**

☐ ☐	Che giorno della settimana è oggi ? – Oggi è mercoledì.	今日は何曜日ですか。 — 今日は水曜日です。
☐	Molti musei sono chiusi il lunedì.	多くの美術館は月曜日は閉まっています。
☐	Questo negozio è aperto anche i giorni festivi.	この店は祝日もオープンしています。

＊ anche「～も」。

177

▶声に出して言ってみよう③

イタリア語で言ってみてください。

1. サン・フランチェスコ聖堂は何時に開きますか。
   — 7時半に開きます。
2. このレストランは何時に閉まりますか。
   — 深夜12時に閉まります。
3. 今日は何曜日ですか。
   — 今日は金曜日です。

★余裕があれば！

-ire 動詞（イスコ型）の活用（3）主語が3人称でも言えるように

178

-ire 動詞（イスコ型）で3人称が主語になる場合，単数形の活用語尾は **-isce**，複数形は **-iscono** となります。

□	Tutti gli studenti capiscono la spiegazione del professore.	すべての学生たちは先生の説明を理解しています。
□	I tuoi figli puliscono le loro camere ?	きみの息子たちは自分の部屋を掃除しますか。
□	– No, non le puliscono bene.	— いいえ，彼らはそれらをきちんと掃除しません。

直接補語と間接補語の連結形（2）

179

ポイント⑥に引き続き，人称代名詞の直接補語と間接補語の連結形を覚えましょう。間接補語が3人称の場合はすべて同じ形になります。

□	**ce lo**	(= ci + lo)	**ce la**	(= ci + la)	私たちにそれを
□	**ce li**	(= ci + li)	**ce le**	(= ci + le)	私たちにそれらを
□	**ve lo**	(= vi + lo)	**ve la**	(= vi + la)	きみたちにそれを
□	**ve li**	(= vi + li)	**ve le**	(= vi + le)	きみたちにそれらを

□	**glielo**	(= gli ／ le + lo)	**gliela**	(= gli ／ le + la)	彼［彼女に］それを
□	**glieli**	(= gli ／ le + li)	**gliele**	(= gli ／ le + le)	彼［彼女に］それらを
□	**glielo**	(= gli + lo)	**gliela**	(= gli + la)	彼ら［彼女らに］それを
□	**glieli**	(= gli + li)	**gliele**	(= gli + le)	彼ら［彼女らに］それらを
□	**Glielo**	(= Gli + lo)	**Gliela**	(= Gli + la)	あなたがたにそれを
□	**Glieli**	(= Gli + li)	**Gliele**	(= Gli + le)	あなたがたそれらを

□	Quel professore vi insegna l'italiano ?	あの先生はきみたちにイタリア語を教えているのですか。
□	– Sì, ce lo insegna in modo chiaro.	— はい，私たちにそれを明快に教えてくれています。
□	Regali questi fiori ai tuoi genitori ?	きみはこれらの花をきみの両親に贈るのですか。
□	– Sì, glieli regalo domani.	— はい，私は彼らにそれらを明日，贈ります。

＊ **fiore**「花」，**in modo chiaro**「明快に，はっきりと」。

180

▶声に出して言ってみよう④

イタリア語で言ってみてください。

1. 学生たちは宿題を終えられますか。
   — いいえ，彼らはそれらを今週中には終えられません。
2. あの夫人は私たちに夕食をごちそうしてくれますか。
   — はい，私たちにそれをごちそうしてくれます。
3. きみはイタリア人の友人たちにしばしばEメールを送りますか。
   — いいえ，私は彼らにそれらを頻繁には送りません。

★最後にコレ！

11 音声を聴いて答えよう！

181

以下のヒントをもとに音声の問いかけに答えてみてください。

1.	とてもよく
2.	ガスが入っていない方
3.	17時20分
4.	閉まっている

第14課 基本的な不規則動詞の用法をマスターしよう！（1）

★まずはコレ！

andare, venire, fare, stare の直説法現在の活用　182

10 ～ 13 課では直説法現在において規則活用する動詞の用法を学んできましたが，14 ～ 16 課までは essere や avere のように不規則に活用する動詞の使い方を見ていくことにしましょう。まずは **andare**「行く」，**venire**「来る」，**fare**「する」，**stare**「いる」「～の状態である」の活用を，主語と一緒に声に出して言ってみましょう。

	主語	**andare** 行く	**venire** 来る	**fare** する	**stare** いる，～の状態である
□	io	vado	vengo	faccio	sto
□	tu	vai	vieni	fai	stai
□	lui lei Lei	va	viene	fa	sta
□	noi	andiamo	veniamo	facciamo	stiamo
□	voi	andate	venite	fate	state
□	loro Loro	vanno	vengono	fanno	stanno

基本的な不規則動詞と補語の組み合わせ（1）　183

ポイント①で挙げた動詞を，以下の補語との組み合わせで覚えていきましょう。

□ **andare a Firenze** [a scuola, in ufficio, in Italia]
フィレンツェ［学校，会社，イタリア］に行く

□ **venire a Tokyo** [a lezione, in Giappone, da Roma]
東京［授業，日本］に来る，ローマから来る

□ **fare la spesa** [spese, colazione, l'impiegato]
買い物［ショッピング，朝食，会社員］をする

□ **stare bene** [male], **stare a/in casa** [a Bologna]
よい［悪い］状態である，家［ボローニャ］にいる

＊ fare la spesa と fare spese の違いは，前者は日常品を，後者は嗜好品やぜいたく品を購入するということです。

3 andare, venire, fare, stare の活用（1）　184

規則活用する動詞と同様，まずは主語が io，tu，Lei の活用形を覚えましょう。

□ Vai a scuola ogni giorno ?	きみは毎日，学校に行っていますか。
□ – No, ci vado tre giorni alla settimana.	— いいえ，私はそこに週に 3 日，行っています。
□ Vieni a lezione la settimana prossima ?	きみは来週，授業に来ますか。
□ – Certo che ci vengo.	— もちろん，私はそこに来ます。
□ Dove fai la spesa ?	きみはどこで（日常品の）買い物をしていますか。
□ – La faccio al supermercato.	— 私はそれをスーパー・マーケットでしています。
□ Come sta, signor Bianchi ?	（男性の）ビアンキさん，ご機嫌いかがですか。
□ – Sto bene, grazie.	— おかげさまで元気です。

＊ supermercato「スーパー・マーケット」。

月と季節　185

□	1 月	**gennaio**
□	2 月	**febbraio**
□	3 月	**marzo**
□	4 月	**aprile**
□	5 月	**maggio**
□	6 月	**giugno**

□	7 月	**luglio**
□	8 月	**agosto**
□	9 月	**settembre**
□	10 月	**ottobre**
□	11 月	**novembre**
□	12 月	**dicembre**

□	四季	**le quattro stagioni**
□	春	**primavera**
□	秋	**autunno**

□	夏	**estate**
□	冬	**inverno**

□	Vado in Italia in agosto.	私は8月にイタリアへ行きます。
□	Vieni in Giappone questa primavera ?	この春，きみは日本に来ますか。
□	Oggi è il ventuno marzo.	今日は3月21日です。
□	Il mio compleanno è il diciannove giugno.	私の誕生日は6月19日です。

186

▶声に出して言ってみよう①

イタリア語で言ってみてください。

1. きみはこの春，どこへ行くのですか。
   — 私はフィレンツェへ行きます。
2. あなたはいつ日本に来られますか。
   — 私は来月，行きます。
3. あなたは何をされている方ですか。
   — 私は会社員（女）をやっています。
4. きみはご機嫌いかがですか。
   — おかげさまで元気です。

★次にコレ！

5 andare とよく一緒に使う補語

187

ポイント②で挙げた以外にも，andare は以下の補語とよく一緒に使います。

□	andare	**a letto**	床につく
□		**al ristorante**	レストランに行く
□		**al teatro**	劇場に行く
□		**al cinema**	映画館に行く
□		**al mercato**	市場に行く
□		**al mare**	海に行く
□		**dal medico**	医者のところに行く
□		**in pizzeria**	ピッツェリーアに行く
□		**in vacanza**	バカンスに行く
□		**a mangiare la pizza**	ピザを食べに行く
□		**a vedere un film**	映画を見に行く

□	Di solito vado a letto all'una.	普段，私は１時に床につきます。
□	Stasera vado in pizzeria con la mia amica.	今晩，私は友だち（女）とピッツェリーアに行きます。
□ □	Vai al mare questa estate (quest'estate)? – Sì, ci vado.	きみはこの夏，海に行くのですか。 — はい，私はそこに行きます。
□ □	Dove va Lei domani mattina? – Vado dal medico.	あなたは，明朝，どこへ行かれるのですか。 — 私は医者のところへ行きます。

＊ con「～と一緒に」。

＊ ci は「そこに」という意味の副詞で，通常，動詞の直前に置かれます。

andare, venire, fare, stare の活用（2） 188

これらの動詞の主語が noi と voi の活用は，ほぼ規則活用する形と同じなので，比較的覚えやすいはずです。

□	Andate al Teatro alla Scala stasera ?	きみたちは今晩，スカラ座に行くのですか。
□	– Sì, andiamo a vedere un'opera lirica di Verdi.	— はい，私たちはヴェルディのオペラを見に行きます。
□	Siete studenti, vero ?	きみたちは学生ですよね？
□	– No, facciamo gli impiegati.	— いいえ，私たちは会社員です。
□	Venite a cena a casa nostra stasera ?	きみたちは今晩，うちに夕食をしに来ますか。
□	– Sì, ci veniamo volentieri.	— はい，喜んでうかがいます。
□	State a casa questo pomeriggio ?	きみたちは今日の午後，家にいますか。
□	– Sì, ci stiamo sicuramente.	— はい，確実にそこにいます。

＊～ , **vero?** は「～ですよね？」と相手に確認する言い方。

189

▶声に出して言ってみよう②

イタリア語で言ってみてください。

1. 明日の朝，きみたちはどこへ行きますか。
   — 私たちは中央市場に行きます。
2. きみたちはミラノで何をするのですか。
   — 私たちはショッピングをします。
3. きみたちは何時に学校に来ますか。
   — 私たちは昼の 12 時に行きます。
4. 明日の朝，きみたちはどこにいますか。
   — 私たちは会社にいます。

★さらにコレ！

身分・職業を表す名詞

190

身分や職業を表すには“essere＋名詞”か“fare＋定冠詞＋名詞”のどちらかです。例えば，「私は会社員(女)です」は“Sono impiegata.”か“Faccio l'impiegata.”となります。

	【男性】	【女性】	
□	**impiegato**	**impiegata**	会社員
□	**direttore**	**direttrice**	社長，マネージャー，ディレクター
□	**studente**	**studentessa**	学生
□	**professore**	**professoressa**	（中学校・高校・大学の）先生
□	**insegnante**	**insegnante**	教師
□	**casalingo**	**casalinga**	主夫，主婦
□	**pensionato**	**pensionata**	年金受給者
□	**attore**	**attrice**	俳優
□	**pittore**	**pittrice**	画家
□	**pianista**	**pianista**	ピアニスト
□	**artista**	**artista**	アーティスト，芸術家
□	**designer**	**designer**	デザイナー

□	Che cosa fa Lei ?	あなたは何をされている方ですか。
□	– Sono studentessa.	— 私は学生（女）です。
□	Che lavoro fa Lei ?	あなたはどのようなお仕事をされているのですか。
□	– Lavoro in banca.	— 私は銀行で働いています。
□	– Faccio l'impiegato di banca.	— 私は銀行員（男）をやっています。

8 天気の表現

191

天気や温度を表すときにもしばしば **fare** を非人称の形で用います。

□	Che tempo fa a Milano ?	ミラノの天気はどうですか。
□	– Fa bel [brutto] tempo.	— いい［悪い］天気です。
□	– Fa caldo [freddo, fresco].	— 暑い［寒い，涼しい］です。
□	– È sereno [nuvoloso].	— 快晴［曇り］です。
□	– È secco [umido].	— 乾燥して［じっとりとして］います。
□	– Piove un po' [molto].	— 雨が少し［たくさん］降っています。
□	– Piove a dirotto.	— 雨がどしゃぶりです。
□	– Nevica un po' [forte].	— 雪が少し［激しく］降っています。

9 前置詞と人称代名詞の組み合せ

192

前置詞と人称代名詞を組み合わせて,「～に対して」「～のところへ」「～と一緒に」と言いたい場合は，基本的には人称代名詞の主格をそのまま前置詞の後につければいいのですが,「私」と「きみ」のときは，**me** と **te** に変わります。

	主語	**a** ～に対して	**da** ～のところへ	**con** ～と一緒に
□	io	**a me**	**da me**	**con me**
□	tu	**a te**	**da te**	**con te**
□	lui/lei/Lei	a lui ／ a lei ／ a Lei	da lui ／ da lei ／ da Lei	con lui ／ con lei ／ con Lei
□	noi	a noi	da noi	con noi
□	voi	a voi	da voi	con voi
□	loro/Loro	a loro ／ a Loro	da loro ／ da Loro	con loro ／ con Loro

□	Da Roma scrivo una e-mail anche a te.	私はローマからきみにもEメールを書きます。
□	Vengo da te stasera.	今晩，私はきみのところに行きます。
□	Vado in vacanza con loro.	私は彼らと一緒にバカンスへ行きます。

193

▶声に出して言ってみよう③

イタリア語で言ってみてください。

1. あなたは何をされている方ですか。
   — 私は年金受給者（男）です。
2. ミラノはどんな天気ですか。
   — ひどい天気です。どしゃぶりです。
3. 今度の日曜日，私たちは海に行きます。きみも私たちと一緒に来ませんか。
   — はい，喜んで参ります。

★余裕があれば！

10 andare, venire, fare, stare の活用（3）

不規則に変化する動詞の活用をすべて覚えるのはなかなか骨の折れることですが，1人称・2人称の表現に慣れてきたら，3人称の活用にも挑戦してみましょう。

□	Mio figlio va in piscina una volta alla settimana.	私の息子は週に1回，プールに行っています。
□	Da dove vengono quegli studenti ?	あの学生たちはどこの出身ですか。
□	– Vengono da Napoli.	— 彼らはナポリの出身です。
□	I miei amici italiani vengono in Giappone questo inverno (quest'inverno).	私のイタリア人の友人たちは，この冬，日本に来ます。
□	Mia moglie fa la casalinga.	私の妻は主婦です。
□	I miei genitori stanno bene.	私の両親は元気です。

＊ piscina「プール」。

andare と stare を用いた役立つ表現

andare と stare の以下のような使い方は覚えておくと役に立つはずです。

□ Come va ? □ – Va bene, grazie.	（あなたを取り巻く）状況はいかがですか。 — おかげさまで，うまくいっています。
□ Va bene così ? □ – Sì, d'accordo.	これでよろしいですか。 — はい，OK です。
□ Come Le vanno queste scarpe ? □ – Mi vanno un po' larghe [strette].	この靴はいかがですか。 — 私には少しゆるい［きつい］です。
□ Come mi sta questa cravatta ? □ – Le sta molto bene.	このネクタイは私に似合いますか。 — あなたにとてもお似合いです。

＊ **d'accordo**「賛成，OK，了解」，**largo**「ゆるい」，**stretto**「きつい」。

▶声に出して言ってみよう④

イタリア語で言ってみてください。

1. この靴はあなたにいかがですか。
   — 私には少しきついです。
2. ビアンキ夫妻はいつ東京に来られるのですか。
   — 彼らはこの秋に来られます。
3. きみの姉妹たちはフィレンツェで何をするのですか。
   — 彼女たちはショッピングをします。
4. このシャツは私にどうでしょうか。
   — あなたにとてもよくお似合いです。

★最後にコレ！

音声を聴いて答えよう！　197

以下のヒントをもとに音声の問いかけに答えてみてください。

1.	この春
2.	もちろん
3.	会社員（女性）
4.	とても元気

第15課 基本的な不規則動詞の用法をマスターしよう！(2)

★まずはコレ！

bere, dare, dire, uscire の直説法現在の活用 198

この課では引き続き，直説法現在において不規則に活用する動詞の用法を学びます。まずは **bere**「飲む」，**dare**「与える」，**dire**「言う」，**uscire**「出る」の活用を主語と一緒に声に出して言ってみましょう。

	主語	**bere** 飲む	**dare** 与える	**dire** 言う	**uscire** 出る
□	io	bevo	do	dico	esco
□	tu	bevi	dai	dici	esci
□	lui lei Lei	beve	dà	dice	esce
□	noi	beviamo	diamo	diciamo	usciamo
□	voi	bevete	date	dite	uscite
□	loro Loro	bevono	danno	dicono	escono

bere, dare, dire, uscire と補語の組み合わせ 199

ポイント①で挙げた動詞を，以下の補語との組み合わせで覚えていきましょう。

□	**bere il vino** [l'acqua, la birra, il caffè]
	ワイン［水，ビール，コーヒー］を飲む
□	**dare una mano** [un regalo, uno spettacolo]
	手を貸す［プレゼントを贈る，ショーを公演する］
□	**dire la verità** [bugie] **a**《人》
	《人》に真実［嘘］を言う
□	**uscire di casa** [dall'ufficio, da scuola, dal cinema]
	家［会社，学校，映画館］から出る

bere, dare, dire, uscire の活用（1）

まずは主語が io, tu, Lei の活用形を覚えましょう。

□	Bevi la birra ?	きみはビールを飲みますか。
□	– Sì, bevo la birra alla spina.	— はい，私は生ビールを飲みます。
□	Francesco, mi dai una mano ?	フランチェスコ，私に手を貸してくれませんか。
□	– Sì, te la do volentieri.	— はい，喜んで手伝います。
□	Non mi dici bugie ?	きみは私に嘘を言ってないですか。
□	– No, non te le dico.	— いいえ，（きみにそれらを）言っていません。
□	Lei esce di casa questo fine settimana ?	あなたは今週末，家から出ますか。
□	– No, non esco di casa.	— いいえ，外出しません。

＊ **la birra alla spina** は，もともと「蛇口から出すビール」という意味。

▶声に出して言ってみよう①

イタリア語で言ってみてください。

1. きみは何を飲みますか。
   — 私は生ビールを飲みます。
2. あなたは先生のお手伝いをしているのですか。
   — はい，しばしばお手伝いをしています。
3. きみは私に本当のことを言っていますか。
   — もちろん，きみにそれを言っています。
4. 《既婚の女性に呼びかけて》明朝，何時に家を出られますか。
   — 私は 9 時半に出ます。

★次にコレ！

4 好みの表現：piacere の用法

🎧 202

これまで好みの表現は，**amare**「愛する」「大好きである」，**preferire**「より好む」を学んできましたが，ここではもっとも一般的な「**〜が好きである**」と言えるようになりましょう。

piacere は不規則活用で，io piaccio, tu piaci, lui piace, noi piacciamo, voi piacete, loro piacciono となります。ですが，この動詞は「〜は好まれる」という意味の自動詞で，主に 3 人称の主語に対して用いるので，取りあえずは **piace** と **piacciono** という活用形をおさえておけばいいでしょう。つまり「私は〜が好きです」と言うためには，間接補語 mi を用い，好きなものを主語にして，「私には〜は好まれます」となるのです。

Mi piace［単数名詞］**.**	私は［単数名詞］が好きです。

□	Mi piace l'arte rinascimentale.	私はルネサンス美術が好きです。
□	Mi piace vedere film al cinema.	私は映画館で映画を見ることが好きです。

＊「〜することが好きです」と言いたいときは，動詞の不定詞を **piacere** の後ろに置きます。

Mi piacciono［複数名詞］**.**	私は［複数名詞］が好きです。

□	Mi piacciono le scarpe italiane.	私はイタリア製の靴が好きです。

さらに「きみは〜が好きです」は **ti piace (piacciono)**，「あなたは〜が好きです」は **Le piace (piacciono)**，一般的に「［人］は〜が好きです」は a［人］piace (piacciono) となります。

□	Ti piace la musica classica ?	きみはクラシック音楽が好きですか。
□	– Sì, mi piace.	— はい，好きです。
□	Le piace l'arte rinascimentale ?	あなたはルネサンス美術がお好きですか。
□	– No, non mi piace molto. Preferisco l'arte moderna.	— いいえ，あまり好きではありません。 私は現代美術の方が好きです。

□	A tua madre piace la cucina italiana ?	君のお母さんはイタリア料理が好きですか。
□	– Sì, le piace molto.	— はい，大好きです。
□	Mi piace vedere l'opera lirica.	私はオペラを見ることが好きです。

＊ **non ～ molto**「あまり～ない」。

旅行に役立つ piacere の表現

🎧 203

お店で商品を見たり，試着を行った際に，店員はしばしば **piacere** を使って，気に入ったかどうかを聞いてくるので，それに対する応え方を覚えておくといいでしょう。

□	Le piace questa giacca ?	このジャケットはお気に召しましたか。
□	– Sì, mi piace molto. La prendo.	— はい，とても気に入りました。それをいただきます。
□	– No, non mi piace molto.	— いいえ，あまり好きではありません。
□	Le piacciono queste scarpe ?	この靴はお気に召しましたか。
□	– Sì, mi piacciono molto. Le prendo.	— はい，とても気に入りました。それらをいただきます。
□	Le piace fare spese ?	あなたはショッピングするのがお好きですか。
□	– Sì, mi piace molto.	— はい，大好きです。

イタリアで購入しそうな名詞を挙げておきましょう。

□	il cappello	帽子
□	la cravatta	ネクタイ
□	l'anello	指輪
□	le scarpe	靴
□	il portafoglio	財布
□	la gonna	スカート

□	i pantaloni	ズボン
□	gli occhiali	メガネ
□	la borsa	カバン，ハンドバック
□	la camicia	シャツ，ブラウス
□	i guanti	手袋
□	gli orecchini	イヤリング，ピアス

＊靴，ズボン，メガネ，手袋，イヤリングは通常，複数形で表します。

204

▶声に出して言ってみよう②

イタリア語で言ってみてください。

1. きみは旅行をするのが好きですか。
   — はい，列車で旅をするのが好きです。
2. （あなたは）このシャツがお気に召しましたか。
   — はい，気に入りました。
3. （あなたは）このイヤリングがお気に召しましたか。
   — いいえ，あまり好きではありません。
4. きみの両親はイタリア料理が好きですか。
   — はい，大好きです。

★さらにコレ！

6 bere, dare, dire, uscire の活用（2）

205

io や tu，Lei 以外が主語になる場合でも，これらの動詞を使えるようになりましょう。

	イタリア語	日本語
□	Al tuo amico tedesco piace bere ?	きみのドイツ人の友だちは飲むことが好きですか。
□	– Sì, lui beve la birra come una spugna.	— はい，彼はビールを底なしに飲みます。
□	Che cosa danno al Teatro Comunale domani sera ?	明日の夜，（フィレンツェの）テアトロ・コムナーレでは何が行われますか。
□	– Danno un concerto di pianoforte.	— ピアノのコンサートが行われます。
□	Che ne dice Lei di questo problema ?	この問題についてどう思われますか。
□	– Secondo me è molto difficile da risolvere.	— 私が思うに，それは解決するにはとても難しい（問題）です。
□	Quando escono dal cinema i tuoi amici ?	きみの友人たちはいつ映画館から出てくるのですか。
□	– Escono fra poco.	— 彼らは間もなく出てきます。

＊「［劇場］で～を公演する」は，「（主催者側の人たちが）［劇場］で～を与えている」という言い方をし，“**Danno** ～ **a**［劇場名］”となります。

＊「～についてあなたはどう思いますか。」は，“**Che ne dice Lei di ～**” と言います。**ne** は **di** ～を示す代名詞です。また **secondo** は「～によれば」という前置詞で，**secondo me** で「私が思うに，私の考えでは」という意味になります。

7 不特定な人を表す si の使い方

206

特に誰ということではなく一般的な人を表したいときに，英語では you を用いますが，イタリア語では **si** を使い，3 人称で活用します。

□	Come si dice “Amore” in giapponese ?	「アモーレ」は日本語ではどのように言いますか。
□	– Si dice “Ai”.	―「愛」と言います。
□	Come si fa ad andare al Colosseo ?	コロッセオに行くにはどうすればいいですか。
□	Come si usa questo telefonino ?	この携帯電話はどう使うのですか。
□	Si mangia bene in quel ristorante ?	あのレストランではおいしく食べられますか。 → あのレストランはおいしいですか。

＊前置詞 **a** は，次にくる語が母音で始まるときは **ad** になります。

207

▶声に出して言ってみよう③

イタリア語で言ってみてください。

1. きみはあの先生のことをどう思いますか。
   ― 私が思うに，（彼は）とても感じがいいです。
2. 「さようなら」はイタリア語で何と言うのですか。
   ―「アッリヴェデルチ」と言います。
3. 今晩，スカラ座では何をやっていますか。
   ―「椿姫 “La Traviata”」をやっています。
4. チケットを購入する（comprare il biglietto）にはどうすればいいのですか。

★余裕があれば！

tenere, salire, scegliere の直説法現在の活用 208

さらに余裕があれば，**tenere**「保つ」「持つ」「記入する」，**salire**「上る」「登る」「乗る」，**scegliere**「選ぶ」の活用も覚えましょう。tenere は venire の活用とよく似ていますし，salire と scegliere は io と loro の活用形のみが不規則で他の主語のときは規則活用するので，それほど苦労せずに覚えられるのではないでしょうか。

主語	**tenere** 保つ，持つ；記入する	**salire** 上る，登る；乗る	**scegliere** 選ぶ
□ io	tengo	salgo	scelgo
□ tu	tieni	sali	scegli
□ lui lei Lei	tiene	sale	sceglie
□ noi	teniamo	saliamo	scegliamo
□ voi	tenete	salite	scegliete
□ loro Loro	tengono	salgono	scelgono

tenere, salire, scegliere と補語の組み合わせ 209

これらの動詞を以下の補語との組み合わせで覚えていきましょう。

□ **tenere un diario**
日記をつける

□ **salire sul Monte Bianco**
モンブランに登る

□ **scegliere il colore**
色を選ぶ

□ **tenere le finestre aperte**
窓を開けたままにする

□ **salire sul treno**
電車に乗る

□ **scegliere il nero** [il rosso]
黒［赤］を選ぶ

tenere, salire, scegliere の活用

210

他の動詞と同様，まずは io, tu, Lei を主語にして言えるようにしましょう。

□	Tieni un diario?	きみは日記をつけていますか。
□	– Sì, lo tengo ogni giorno.	— はい，それを毎日つけています。
□	Che fai questa estate (quest'estate)?	きみはこの夏，何をするのですか。
□	– Salgo sul monte Fuji con una mia amica.	— 私は友だち（女）と富士山に登ります。
□	Che colore sceglie (Lei)?	あなたは何色を選ばれますか。
□	– Scelgo il nero.	— 私は黒を選びます。

211

▶声に出して言ってみよう④

イタリア語で言ってみてください。

1. きみたちは窓（複数）を開けたままにしておくのですか。
   — はい，私たちはそれらを開けておきます。
2. きみたちはこの電車に乗るのですか。
   — はい，私たちはすぐに乗ります。
3. きみたちはどの色を選びますか。
   — 私たちは赤を選びます。

★最後にコレ！

音声を聴いて答えよう！

212

以下のヒントをもとに音声の問いかけに答えてみてください。

1.	とても気に入った　　購入する
2.	ピアノのコンサート
3.	こんにちは

第16課 準動詞の用法をマスターしよう！

★まずはコレ！

準動詞の用法

願望や可能性，義務，能力などを表したい場合，準動詞を動詞の不定詞（原形）とともに用います。英語のcan, mustなどと同じような働きをします。以下の4つの準動詞をおさえておけばいいでしょう。

volere +［動詞不定詞］	～したい【願望】	
potere +［動詞不定詞］	～できる【可能】	～するかもしれない【推量】
dovere +［動詞不定詞］	～しなければならない【義務】	～するはず【推量】
sapere +［動詞不定詞］	～できる【能力】	

volere, potere, dovere, sapere の直説法現在の活用

4つの準動詞は直説法現在ではいずれも不規則に活用します。それぞれの活用を主語と一緒に，声に出して言ってみましょう。

	主語	volere	potere	dovere	sapere
□	io	voglio	posso	devo	so
□	tu	vuoi	puoi	devi	sai
□	lui lei Lei	vuole	può	deve	sa
□	noi	vogliamo	possiamo	dobbiamo	sappiamo
□	voi	volete	potete	dovete	sapete
□	loro Loro	vogliono	possono	devono	sanno

3 volere と補語の組み合わせ　🎧 214

volere の活用の後に動詞の不定詞をつけると,「**〜したい**」となります。以下のような補語と一緒に覚えておくといいでしょう。

□	**andare alla Galleria degli Uffizi**	ウフィツィ美術館に行く
□	**vivere in Italia**	イタリアで生活する
□	**telefonare in Giappone**	日本に電話する
□	**comprare le scarpe a Firenze**	フィレンツェで靴を買う
□	**cambiare yen in euro**	円をユーロに両替する
□	**provare una gonna**	スカートを試着する
□	**usare il bagno**	トイレを使う
□	**vedere la partita di calcio**	サッカーの試合を見る

4 volere の活用　🎧 215

まずは io, tu, Lei の活用形，次に noi, voi が主語になる場合，最後に 3 人称の形という順序で覚えていくといいでしょう。

□	Voglio vivere in Italia.	私はイタリアで生活したい。
□	Dove vuoi andare ?	きみはどこに行きたいのですか。
□	Lei vuole telefonare in Giappone ?	あなたは日本へ電話したいのですか。
□	Che cosa volete fare in Italia ?	きみたちはイタリアで何をしたいのですか。
□	Mia madre vuole comprare le scarpe a Firenze.	私の母はフィレンツェで靴を買いたいと思っています。
□	Che cosa vuol dire questa parola ?	この言葉は何を言いたいのですか。 → この言葉はどのような意味ですか。

＊ che cosa vuol dire の vuole の語尾母音はしばしば省かれます。

5 旅行で役立つ vorrei の用法

216

自分の願望を伝えるのに“Voglio ～”と言うと，主張が強すぎて相手を不快にさせてしまう可能性があります。そこでしばしば用いられるのが“**Vorrei** ～”です。例えばお店でジャケットを試着したい場合，“Voglio provare questa giacca.”ではなく，“Vorrei provare questa giacca.”と言います。前者が「私はこのジャケットが試着したい」，後者は「私はこのジャケットを試着したいのですが」といったニュアンスです。

vorrei は文法的には volere の条件法現在の活用で，条件法全般に関しては 26 課で学んでいきます。ですがこの vorrei の用法は，旅行会話でも頻繁に使うので，早めに身につけておいた方がいいでしょう。

Vorrei ＋［動詞不定詞］＋［補語］	私は～したいのですが
Vorrei ＋［名詞］	私は～が欲しいのですが

□	Scusi, vorrei andare alla Galleria degli Uffizi.	《通行人に》すみません，ウフィツィ美術館に行きたいのですが。
□	Senta, signorina ! Vorrei provare questa gonna.	《女性店員に》すみません，このスカートを試着したいのですが。
□	Vorrei studiare l'italiano a Roma.	私は（できれば）ローマでイタリア語を勉強したいと思っています。
□	Vorrei un buon caffè.	私はおいしいコーヒーが飲みたいのですが。
□	Vorrei una borsa di Prada.	私はプラダのバッグが欲しいのですが。

217

▶声に出して言ってみよう①

イタリア語で言ってみてください。

1. きみはイタリアで何をしたいのですか。
   — 私はミラノでショッピングがしたいです。
2. なぜあなたはイタリア語を勉強されているのですか。
   — なぜならイタリアで生活したいからです。
3. 《男性に》すみません，5 万円をユーロに両替したいのですが。

★次にコレ！

6 potere と補語の組み合わせ　218

potere の活用の後に動詞の不定詞をつけると,「**〜することができる**」となります。以下のような補語と一緒に覚えておくといいでしょう。

□	**avere un'informazione**	インフォメーション［情報］を得る
□	**aprire la finestra**	窓を開ける
□	**chiudere la porta**	ドアを閉める
□	**pagare con la carta di credito**	カードで支払う
□	**fare foto**	写真を撮る
□	**fumare** (sigarette)	タバコを吸う
□	**parlare più lentamente**	もっとゆっくり話す
□	**chiamare un taxi**	タクシーを呼ぶ

7 相手に許可を得る表現　219

potere を io で活用して疑問文にすると,「私は〜できますか。」→「**〜してもいいですか。**」となり，相手に許可を得る表現になります。

Posso ＋［動詞不定詞］＋［補語］**?**	〜してもいいですか。

□	Posso avere un'informazione ?	お尋ねしてもよろしいですか。
□	Posso aprire la finestra ?	窓を開けてもいいですか。
□	Posso pagare con la carta di credito ?	クレジッド・カードで払ってもいいですか。
□	Posso fare foto ?	写真を撮ってもいいですか。

＊**3** 番目と **4** 番目の例文で，もし自分だけではなくより広く一般的に「〜できますか。」と尋ねたい場合は，主語を **si** にします。例えば，“**Si può fare foto in questo museo ?**”で，「この美術館では写真を撮ってもいいのですか。」となります。

相手の都合を聞いたり，依頼の表現

220

potere を tu や Lei で活用して疑問文にすると，「～できますか。」とか「～してもらえますか。」となります。文尾に **per favore** をつけるとより丁寧な言い方になります。

Puoi + ［動詞不定詞］ + ［補語］ **?**	～できますか。／～してもらえますか。

□ Puoi venire alla festa stasera ?	今晩，パーティーに来れる？
□ – Sì, volentieri.	― はい，喜んで。
□ – Mi dispiace, ma non posso.	― 残念ですが，行けません。
□ Puoi chiudere la porta ?	ドアを閉めてもらえますか。
□ – Sì, certamente.	― はい，もちろんです。

＊ **mi dispiace** は「ごめんなさい」という意味でも使います。

Può + ［動詞不定詞］ + ［補語］ **?**	～できますか。／～していただけますか。

□ Può portare un menu, per favore ?	メニューを持ってきていただけますか。
□ – Sì, subito.	― はい，すぐに。
□ Può ripetere, per favore ?	もう一度言っていただけますか。
□ – Sì, va bene.	― はい，わかりました。

＊ **subito**「すぐに」。

221

▶声に出して言ってみよう②

イタリア語で言ってみてください。

1. タバコを吸ってもいいですか。
2. この店ではクレジット・カードで支払えますか。
3. グラスを 4 つ持ってきてもらえますか。
4. 《男性に》すみません。タクシーを呼んでいただけますか。

★さらにコレ！

dovere と補語の組み合わせ 222

doverе の活用の後に動詞の不定詞をつけると，「**〜しなければならない**」となります。以下のような補語と一緒に覚えておくといいでしょう。

□	**andare alla biglietteria**	チケット売場に行く
□	**andare diritto (fino) al secondo semaforo**	2番目の信号まで真っ直ぐ行く
□	**girare a destra** [sinistra]	右［左］に曲がる
□	**scendere alla terza fermata**	3番目のバス停で降りる
□	**cambiare (treno) a Pisa**	ピサで電車を乗り換える
□	**finire i compiti**	宿題［課題］を仕上げる

相手に指示する表現 223

dovere を tu や Lei で活用すると，「きみ［あなた］は〜しなければならない」→「**〜してください**」となり，相手に指示する表現になります。

□	Scusi, vorrei andare alla stazione.	すみません，駅に行きたいのですが。
□	– Allora deve andare diritto al secondo semaforo e poi girare a destra.	— それでは2番目の信号まで真っ直ぐ行き，その後，右に曲がってください。
□	Scusi, vorrei andare al Colosseo.	すみません，コロッセオに行きたいのですが。
□	– Allora deve scendere alla terza fermata.	— それでは3番目のバス停で降りてください。

＊ **allora**「それでは」。

代名詞を動詞の不定詞に連結させるケース

224

代名詞はこれまで見てきたように，原則，活用した動詞の直前に置きますが，不定詞の場合は語尾の母音 -e を削ってそのまま代名詞を連結させることが多いです。

□	Posso offrirti un caffè ?	きみにコーヒーをごちそうしてもいいですか。
□	Fino a quando dobbiamo finire i compiti ?	私たちはいつまでに課題を仕上げなければならないのですか。
□	– Dovete finirli entro questo mese.	— それらを今月中に仕上げなければなりません。
□	Spedisci una e-mail al professore ?	きみは先生にメールを送りますか。
□	– Sì, devo spedirgliela subito.	— はい，すぐに彼にそれを送らなければなりません。

＊ **fino a quando**「いつまでに」。

225

▶声に出して言ってみよう③

イタリア語で言ってみてください。

1. すみません，ジェノヴァに行きたいのですが。
   — それでは，ピサで電車を乗り換えてください。
2. あなたに手をお貸ししましょうか。
3. きみたちは明日，学校へ行くのですか。
   — はい，私たちはそこへ行かなければなりません。
4. きみは友だち（男）に嘘を言っていますか。
   — はい，彼にそれらを言わざるをえないのです。

★余裕があれば！

12 sapere と補語の組み合わせ　226

sapere はもともと「～を知っている」という意味の動詞で，後に動詞の不定詞をつけると，「～することを知っている」→**「～する能力がある」「～できる」**となります。以下のような補語と一緒に覚えておくといいでしょう。

□	**nuotare**	泳ぐ
□	**ballare**	踊る
□	**cantare una canzone**	歌を歌う
□	**cucinare un piatto**	料理を作る
□	**dipingere un quadro**	絵を描く
□	**guidare la macchina**	車を運転する
□	**giocare a tennis** [calcio, pallavolo]	テニス［サッカー，バレーボール］をする
□	**leggere il latino**	ラテン語を読む
□	**scrivere in giapponese**	日本語で書く

13 potere と sapere の違い　227

potere と sapere はどちらも「～できる」という意味になりますが，potere は状況によって可能であるときに用い，sapere は能力の有無を表します。

□	Non so nuotare.	私は泳げません。
□	Non posso nuotare oggi, perché ho un po' di febbre.	私は今日は泳げません。というのも少し熱があるからです。
□	Non so giocare a tennis.	私はテニスができません。
□	Non posso giocare a tennis domani, perché ho mal di schiena.	私は明日，テニスができません。というのも腰が痛いからです。

旅行で役立つ一般動詞 volere の用法

228

volere は「**（時間，費用などが）かかる**」という意味で使うことができます。以下の表現を覚えておくと，旅行の際に役立つと思います。

Quanto tempo ci vuole a ［動詞不定詞］?	〜するのにはどのくらいの時間がかかりますか。

□ □	Quanto tempo ci vuole ad arrivare a Venezia ? – Ci vuole circa un'ora.	ヴェネツィアに到着するまでにはどのくらいの時間がかかりますか。 — 約 1 時間かかります。
□ □	Quanto tempo ci vuole ad andare alla Chiesa di San Marco a piedi ? – Ci vogliono circa quindici minuti.	サン・マルコ聖堂まで歩いてどのくらい時間がかかりますか。 — 約 15 分かかります。

＊**a piedi** は「歩いて」ですが，**in piedi** だと「立って」となります。

229

▶声に出して言ってみよう④

イタリア語で言ってみてください。

1. きみは車を運転できる？
   — はい，私はそれをかなりうまく運転できるよ。
2. あなたは泳げますか。
   — いいえ，私はまったく泳げません。
3. 空港（aeroporto）までタクシーでどのくらいの時間がかかりますか。
   — 約 20 分かかります。

★最後にコレ！

音声を聴いて答えよう！ 230

以下のヒントをもとに音声の問いかけに答えてみてください。

1.	ミラノで靴を買いたい
2.	2番目の信号を左に曲がる
3.	ここに書いてもらう

第17課　再帰動詞の用法をマスターしよう！

★まずはコレ！

再帰動詞とは

再帰動詞とは一般動詞と再帰代名詞が組み合わさったものです。再帰代名詞は主語自体を表し，**mi**「私自身」，**ti**「きみ自身」，**si**「彼［彼女，あなた，それ］自身」，**ci**「私たち自身」，**vi**「きみたち自身」，**si**「彼ら［彼女ら，あなたがた，それら］自身」から構成されます。

この再帰代名詞の使い方から再帰動詞は3種類に分けられます。再帰代名詞を動詞の直接補語（～自身を）として用いるのが**本質的再帰動詞**，間接補語（～自身において）として用いるのが**形式的再帰動詞**，「互いに」という意味で用いるのが**相互的再帰動詞**です。

alzarsi, lavarsi, vedersiの直説法現在の活用　231

再帰動詞の不定詞は動詞の語尾母音 -e を削り，そこに si を連結させて表します。活用する際には，動詞の部分はこれまでと同様に活用させ，その直前に再帰代名詞を主語に応じて変化させた形を置いていきます。相互的再帰動詞では単数形の活用はありません。

alzarsi「起きる」，**lavarsi**「（自分の体の）～を洗う」，**vedersi**「互いに会う」の活用を声に出して言ってみましょう。

	主語	alzarsi 起きる	lavarsi （自分の体の）～を洗う	vedersi 互いに会う
□	io	mi alzo	mi lavo	-
□	tu	ti alzi	ti lavi	-
□	lui　lei　Lei	si alza	si lava	-
□	noi	ci alziamo	ci laviamo	ci vediamo
□	voi	vi alzate	vi lavate	vi vedete
□	loro　Loro	si alzano	si lavano	si vedono

本質的再帰動詞 alzarsi の用法

🎧 232

alzare は「**〜を起こす**」「**〜を持ち上げる**」という意味の他動詞で，それに再帰代名詞 si をつけると，「自分自身を起こす」→「**起きる**」となります。

□	**alzarsi presto** [tardi]	早い［遅い］時間に起きる
□	**alzarsi alle sette** [all'una, a mezzogiorno]	7 時［1 時，昼の 12 時］に起きる

□	Quel professore alza spesso la voce.	あの先生はしょっちゅう声を荒げます。
□	A che ora ti alzi di solito ?	きみは普段，何時に起きるの？
□	– Mi alzo alle otto.	— 私は 8 時に起きます。
□	Lei si alza presto domani mattina ?	あなたは明朝，早く起きますか。
□	– No, mi alzo tardi.	— いいえ，私は遅い時間に起きます。

＊ **alzare la voce**「大声をあげる」，**tardi**「遅く，遅れて」。

形式的再帰動詞 lavarsi の用法

🎧 233

lavare は「**〜を洗う**」という意味の他動詞で，それに再帰代名詞 si をつけると，「**（自分の体の）〜を洗う**」となります。

□	**lavarsi la faccia** [le mani, i piedi, i capelli, i denti]	顔［手，足，髪，歯］を洗う

□	Mio figlio lava i piatti ogni sera.	私の息子は毎晩，皿を洗います。
□	Ti lavi la faccia prima di colazione ?	きみは朝食前に顔を洗いますか。
□	– Sì, me la lavo.	— はい，洗います。
□	Vi lavate i denti prima di dormire ?	きみたちは寝る前に歯を磨いていますか。
□	– Sì, ce li laviamo.	— はい，磨いています。

＊形式的再帰動詞で人称代名詞の直接補語（**lo, la, li, le**）を使いたい場合は，13 課で学んだ人称代名詞の連結形を用います。

＊ **colazione** は「朝食」ですが，**pranzo**「昼食」，**cena**「夕食」もあわせて覚えておくといいでしょう。

相互的再帰動詞 vedersi の用法

vedere はすでに 11 課で学んだように「会う」「見る」という意味の他動詞です。これに si をつけると，「**互いに会う**」となります。

□	**vedersi presto** [il più presto possibile, più tardi]	近い時期に［できるだけ近い時期に，後ほど］会う
□	**vedersi stasera** [domani, la settimana prossima]	今晩［明日，来週］会う
□	**vedersi a scuola** [a casa, all'università, alla stazione]	学校［家，大学，駅］で会う
□	**vedersi davanti al Duomo**	大聖堂の前で会う

□	Arrivederci. Ci vediamo la settimana prossima.	さようなら。また来週お会いしましょう。
□	Ci vediamo a scuola fra un'ora. Va bene ?	1 時間後に学校で会いましょう。いいですか。
□	Vi vedete spesso ?	きみたちはしょっちゅう会うのですか。
□	– Sì, ci vediamo tre volte alla settimana.	— はい，私たちは週に 3 回，会っています。

235

▶声に出して言ってみよう①

イタリア語で言ってみてください。

1. 明朝，あなたは何時に起きられますか。
   — 私は 6 時半に起きます。
2. きみは毎朝，歯を磨いていますか。
   — もちろん，磨いています。
3. 明日，私たちはどこで会いますか。
   — 大聖堂の前で会いましょう。いいですか。

★次にコレ！

6 svegliarsi, tagliarsi, conoscersi の直説法現在の活用

236

再帰動詞がどのようなものかを把握したところで，少しずつ単語数を増やしていきましょう。ここでは **svegliarsi**「目が覚める」，**tagliarsi**「（自分の体の）～を切る」，**conoscersi**「互いに知っている」の活用を，声に出して言ってみてください。

	主語	**svegliarsi** 目が覚める	**tagliarsi** （自分の体の）～を切る	**conoscersi** 互いに知っている
□	io	mi sveglio	mi taglio	-
□	tu	ti svegli	ti tagli	-
□	lui lei Lei	si sveglia	si taglia	-
□	noi	ci svegliamo	ci tagliamo	ci conosciamo
□	voi	vi svegliate	vi tagliate	vi conoscete
□	loro Loro	si svegliano	si tagliano	si conoscono

7 svegliarsi, tagliarsi, conoscersi の用法

237

svegliarsi，**tagliarsi**，**conoscersi** と一緒によく使う補語は，以下のとおりです。

□	**svegliarsi presto** [durante la notte]	早い時間に［夜中に］目が覚める
□	**tagliarsi i capelli** [le unghie]	髪［爪］を切る
□	**conoscersi bene** [da molti anni]	互いによく［長年に渡って］知っている

□	Ti svegli presto ogni mattina ?	きみは毎朝，早い時間に目が覚めますか。
□	– Sì, mi sveglio alle cinque.	— はい，5 時に目が覚めます。
□	Quando ti tagli i capelli ?	きみはいつ髪を切るの？
□	– Me li taglio sabato.	— 土曜日に切ります。
□	Vi conoscete ?	きみたちは知り合いですか。
□	– Sì, ci conosciamo molto bene.	— はい，互いのことをとてもよく知っています。

238

▶声に出して言ってみよう②

イタリア語で言ってみてください。

1. ここのところきみはよく眠れていますか。
   — いいえ，私はしょっちゅう夜中に目が覚めてしまいます。
2. 《未婚の女性に呼びかけて》あなたはしょっちゅう髪を切るのですか。
   — いいえ，私は頻繁には髪を切りません。
3. きみたちはいつから知り合いなのですか。
   — 私たちは長年来の知り合いです。

★さらにコレ！

trasferirsi, chiamarsi, sposarsi の直説法現在の活用

さらに **trasferirsi**「引っ越す」，**chiamarsi**「～という名前である」，**sposarsi**「結婚する」の活用を，声に出して言ってみてください。

	主語	**trasferirsi** 引っ越す	**chiamarsi** ～という名前である	**sposarsi** 結婚する
□	io	mi trasferisco	mi chiamo	-
□	tu	ti trasferisci	ti chiami	-
□	lui lei Lei	si trasferisce	si chiama	-
□	noi	ci trasferiamo	ci chiamiamo	ci sposiamo
□	voi	vi trasferite	vi chiamate	vi sposate
□	loro Loro	si trasferiscono	si chiamano	si sposano

9 trasferirsi, chiamarsi, sposarsi の用法 240

trasferirsi, chiamarsi, sposarsi と一緒によく使う補語は，以下のとおりです。

□	**trasferirsi a Firenze** [in campagna]	フィレンツェ［田舎］に引っ越す
□	**chiamarsi Marco Bianchi**	マルコ・ビアンキという名前である
□	**sposarsi il mese prossimo**	来月に結婚する

□	Dove si trasferisce (Lei) ?	あなたはどちらに引っ越されるのですか。
□	– Mi trasferisco a Milano.	― 私はミラノに引っ越します。
□	Come si chiama (Lei) ?	あなたのお名前は何とおっしゃるのですか。
□	– Mi chiamo Marco Bianchi.	― 私の名前はマルコ・ビアンキです。
□	Quando vi sposate ?	きみたちはいつ結婚するのですか。
□	– Ci sposiamo in giugno.	― 私たちは 6 月に結婚します。

10 再帰動詞を準動詞と組み合わせる場合 241

再帰動詞を準動詞と組み合わせて不定詞にする場合，再帰代名詞は主語に合わせ，通常，動詞の語尾に連結させます。

□	Devo alzarmi presto domani mattina.	私は明朝，早く起きなければなりません。
□	Scusi, posso lavarmi le mani ?	すみません，手を洗わせていただけますか。
□	Vuoi trasferirti a Milano ?	きみはミラノに引っ越したいのですか。
□	Dobbiamo vederci il più presto possibile.	私たちはできるだけ早く会わなければなりません。

＊ il più presto possibile「できるだけ早く」。

242

▶声に出して言ってみよう③

イタリア語で言ってみてください。

1. 私は田舎に引っ越したいと思っているのですが。
2. あの建物は何という名前ですか。
   — ヴェッキオ宮殿（Palazzo Vecchio）といいます。
3. パオロとマリーアは間もなく結婚します。
4. マルコ，食べる前に手を洗わなきゃだめよ。

★余裕があれば！

代名動詞 dimenticarsi, vergognarsi の直説法現在の活用

243

代名動詞は不定詞の形も活用も再帰動詞と同じですが，再帰代名詞に直接補語や間接補語の役割がなく，もともと動詞と一体化しているものを言います。ここでは **dimenticarsi**「忘れる」と **vergognarsi**「恥ずかしく思う」の活用を，声に出して言ってみてください。

	主語	**dimenticarsi** 忘れる	**vergognarsi** 恥ずかしく思う
□	io	mi dimentico	mi vergogno
□	tu	ti dimentichi	ti vergogni
□	lui　lei　Lei	si dimentica	si vergogna
□	noi	ci dimentichiamo	ci vergogniamo
□	voi	vi dimenticate	vi vergognate
□	loro　Loro	si dimenticano	si vergognano

12 dimenticarsi, vergognarsi の用法

dimenticarsi, vergognarsi と一緒によく使う補語は，以下のとおりです。

□	**dimenticarsi di un appuntamento**	約束を忘れる
□	**vergognarsi di questo risultato**	この結果を恥じる

□	Mi dimentico spesso degli appuntamenti.	私はしょっちゅう約束を忘れます。
□	Mi vergogno di questo cattivo risultato.	私はこのひどい結果を恥ずかしく思います。

245

▶声に出して言ってみよう④

イタリア語で言ってみてください。

1. きみたちは宿題をやることを忘れてはいけません。
2. 私たちはこの結果を恥じるべきではありません。

★最後にコレ！

13 音声を聴いて答えよう！

以下のヒントをもとに音声の問いかけに答えてみてください。

1.	7 時半
2.	太郎
3.	1 年前から

第18課 命令法をマスターしよう！

★まずはコレ！

命令法の活用（1）

247

これまで直説法について学んできましたが，他者に命令をしたいときは**命令法**を用います。命令法では1人称単数の活用形はありません。また Loro に対する命令は voi の形で代用される場合が多く，実際にはあまり使われません。

直説法現在で規則活用した動詞は，命令法においても規則活用します。直説法と命令法の活用はよく似ているので，混同しないようにしてください。

	主語	-are 動詞				-ere 動詞			
		直説法		命令法		直説法		命令法	
		語尾	**parlare**	語尾	**parlare**	語尾	**scrivere**	語尾	**scrivere**
□	io	-o	parlo	-	-	-o	scrivo	-	-
□	tu	-i	parli	-a	parla	-i	scrivi	-i	scrivi
□	Lei	-a	parla	-i	parli	-e	scrive	-a	scriva
□	noi	-iamo	parliamo	-iamo	parliamo	-iamo	scriviamo	-iamo	scriviamo
□	voi	-ate	parlate	-ate	parlate	-ete	scrivete	-ete	scrivete
□	Loro	-ano	parlano	-ino	parlino	-ono	scrivono	-ano	scrivano

	主語	-ire 動詞				-ire 動詞（イスコ型）			
		直説法		命令法		直説法		命令法	
		語尾	**partire**	語尾	**partire**	語尾	**finire**	語尾	**finire**
□	io	-o	parto	-	-	-isco	finisco	-	-
□	tu	-i	parti	-i	parti	-isci	finisci	-isci	finisci
□	Lei	-e	parte	-a	parta	-isce	finisce	-isca	finisca
□	noi	-iamo	partiamo	-iamo	partiamo	-iamo	finiamo	-iamo	finiamo
□	voi	-ite	partite	-ite	partite	-ite	finite	-ite	finite
□	Loro	-ono	partono	-ano	partano	-iscono	finiscono	-iscano	finiscano

2 tu と Lei に対する命令

248

-are 動詞では，tu と Lei の命令法は直説法の活用語尾の逆になり，-ere 動詞と -ire 動詞では，tu は直説法と同じで Lei は -a (-isca) になります。

□	Parla più lentamente !	もっとゆっくり話して！
□	Parli più lentamente, per favore !	もっとゆっくり話してください！
□	Scrivi qui il tuo nome !	ここにきみの名前を書いて！
□	Scriva qui il Suo nome, per favore !	ここにあなたのお名前を書いてください！
□	Parti subito, Marco !	すぐに出発して，マルコ！
□	Parta subito, signor Bianchi !	すぐに出発してください，ビアンキさん！
□	Finisci i compiti entro questa settimana !	今週中に宿題を終わらせなさい！
□	Finisca i compiti entro questa settimana !	今週中に宿題を終わらせてください！

＊命令文で **per favore** を文頭ないし文尾につけるとより丁寧な言い方になります。

3 よく使う命令法のひとこと

249

日常生活の中でよく使う命令法の短い表現を挙げておきましょう。

□	Scusa, Giovanni !	すまない，ジョヴァンニ！
□	Scusi, professore !	すみません，先生！
□	Senti, Marco !	ちょっと，マルコ！
□	Senta, professore !	すみません，先生！
□	Ascolta, Maria !	聞いてよ，マリーア！
□	Ascolti, professoressa !	聞いてください，先生！
□	Guarda, Paolo !	見てよ，パオロ！
□	Guardi, signor Bianchi !	見てください，ビアンキさん！
□	Aspetta, Anna !	待ってよ，アンナ！
□	Aspetti, signora Bianchi !	待ってください，ビアンキさん！

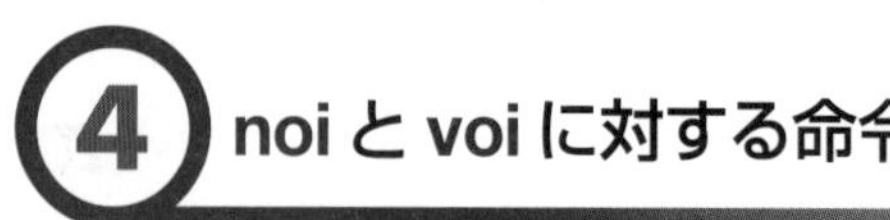

4 noi と voi に対する命令

250

noi に対する命令は「**(私たちは）～しましょう！**」という呼びかけの表現として使っています。活用は noi も voi も直説法現在と同じ形です。

□	Parliamo in italiano !	イタリア語で話しましょう！
□	Ceniamo insieme domani sera !	明日の夜，一緒に夕食を取りましょう！
□	Leggete questo romanzo !	（きみたち）この小説を読んでください！
□	Scendete alla prossima fermata !	（きみたち）次のバス停で降りてください。

251

▶声に出して言ってみよう①

イタリア語で言ってみてください。

1. 《tu に》ナポリ民謡を歌ってよ！
2. 《Lei に》お願いですから，もう少しゆっくり話してください！
3. 今晩，一緒に夕食を取りましょう！
4. 《voi に》イタリア語をしっかり勉強してください！

★次にコレ！

5 命令法の活用（2）

252

直説法で不規則活用する動詞は命令法においても不規則に活用します。ただし，tu, noi, voi に対する形は原則，直説法と同じなので，Lei に対する活用形をおさえておけばいいでしょう。Loro への命令形は Lei の形に -no をつけます。

主語	andare 行く	venire 来る	bere 飲む	tenere 保つ，持つ
io	-	-	-	-
tu	vai va'	vieni	bevi	tieni
Lei	**vada**	**venga**	**beva**	**tenga**
noi	andiamo	veniamo	beviamo	teniamo
voi	andate	venite	bevete	tenete
Loro	vadano	vengano	bevano	tengano

andare, venire, bere, tenere の命令文 253

規則活用する動詞と同様，まずは tu と Lei に対する命令の形を使い分けられるようにしてください。

Vai sempre diritto !	ずっと真っ直ぐ行って！
Vada diritto fino in fondo !	奥［つきあたり］まで真っ直ぐ行ってください！
Vieni qui !	こっちに来て！
Venga qui, per favore !	こちらにおいでください！
Bevi questo vino !	このワインを飲んで！
Beva questo vino !	このワインをお飲みください！
Tieni questo sacchettino !	この袋を持っていて！
Tenga la ricevuta !	レシートをお持ちください！

＊ sacchettino「袋」，ricevuta「レシート，領収書」。

否定命令 254

「～しないでください！」と言いたい場合，基本的には命令法の活用の前に non を置けばいいのですが，**tu に対する否定命令のときには，non の後には不定詞**がきます。

Non mangiare troppo !	食べ過ぎないように！
Non mangi troppo !	食べ過ぎないようにしてください！
Non andare in quel posto !	あの場所には行かないように！
Non vada in quella zona !	あの地域には行かないでください！

＊ posto「場所」，zona「地域」。

255

▶声に出して言ってみよう②

イタリア語で言ってみてください。

1.《Lei に》まっすぐ行って，それから 2 番目の信号を右に曲がってください。

2.《voi に》明日の晩，うちに来てください！　一緒に夕食を取りましょう！

3.《voi に》飲み過ぎないように！

★さらにコレ！

8 命令法の活用（3）

256

以下の不規則動詞の活用も覚えましょう。fare, dare の tu に対する活用は 2 つありますが，後に代名詞をつけたいときは fa’，da’ の形を取ります。

	主語	**fare** する	**dare** 与える	**dire** 言う	**stare** いる，～の状態である
□	io	-	-	-	-
□	tu	fai　fa’	dai　da’	dì	sta’
□	Lei	**faccia**	**dia**	**dica**	**stia**
□	noi	facciamo	diamo	diciamo	stiamo
□	voi	fate	date	dite	state
□	Loro	facciano	diano	dicano	stiano

9 fare, dare, dire, stare の命令文

257

以下のような言い方を覚えましょう。

□	Fai sport ogni tanto !	たまにはスポーツをしなさい！
□	Dia l’acqua alle piante !	植物に水をあげてください！
□	Dite la verità ai vostri genitori !	両親に本当のことを言いなさい！
□	Sta’ fermo !	動かないで！

＊ ogni tanto「時々」，pianta「植物」，fermo「じっとしている」。

⑩ 代名詞をつけるケース

258

命令法の活用に代名詞をつけたい場合，tu に対する命令では活用形の語尾に連結させ，Lei に対しては活用形の前に置きます。fare, dare, dire, stare の tu の活用に連結させる場合は，代名詞の最初の子音をダブらせます。

□	Fammi vedere il documento !	身分証明書を私に見せなさい！
□	Mi faccia vedere il documento, per favore !	身分証明書を私にお見せください！
□	Dammi una mano !	私に手を貸して！
□	Mi dia una mano, per favore !	私に手を貸してください！
□	Dimmi !	私に言って！→何？
□	Mi dica !	私にお申し付けください！→ご用件は？
□	Stammi bene !	元気でね！
□	Mi stia bene !	お元気で！
□	Seguimi !	私についてきて！
□	Mi segua !	私についてきてください！

＊ documento「身分証明書」。
＊ fare の後ろに動詞の原形を置くと「～させる」いう意味になります。

259

▶声に出して言ってみよう③

イタリア語で言ってみてください。

1. あなたは画家なのですか。それではあなたの作品を私にお見せください！
2. 《Lei に》すみません！　私にコーヒーをひとつお願いします！
3. マルコ，私に本当のことを話して！

★余裕があれば！

11 命令法の活用（4）

260

再帰動詞の命令法では，再帰代名詞の位置に気をつけてください。原則，tu, noi, voi のときは活用形の後に連結させ，Lei と Loro のときには活用形の前に置きます。ここでは alzarsi「起きる」，accomodarsi「楽にする，腰かける」，preoccuparsi「心配する」の活用を見てみましょう。

	主語	alzarsi 起きる	accomodarsi 楽にする，腰かける	preoccuparsi 心配する
□	io	-	-	-
□	tu	alzati	accomodati	preoccupati
□	Lei	Si alzi	Si accomodi	Si preoccupi
□	noi	alziamoci	accomodiamoci	preoccupiamoci
□	voi	alzatevi	accomodatevi	preoccupatevi
□	Loro	Si alzino	Si accomodino	Si preoccupino

＊tu に対する活用形のアクセントの位置に気をつけてください。
alzati，accomodati，preoccupati です。

12 alzarsi, accomodarsi, preoccuparsi の命令文

261

以下のような言い方を覚えましょう

□	Alzati subito !	すぐに起きて！
□	Si alzi alle sei domani mattina !	明朝，6 時に起きてください！
□	Accomodati pure !	どうぞ，座って！
□	Si accomodi alla cassa, per favore !	キャッシャーの方へお願いします！
□	Non preoccuparti ! (Non ti preoccupare !)	心配しないで！
□	Non si preoccupi !	ご心配されないでください！

＊ pure「《命令法と共に催促して》どうか，どうぞ」。

262

▶声に出して言ってみよう④

イタリア語で言ってみてください。

1. 明朝，私たちは早く起きましょう！
2. 《voi に》こちらで楽にしてください！
3. あなたがたはご心配されないように！

★最後にコレ！

音声を聴いて答えよう！

263

以下のヒントをもとに音声の問いかけに答えてみてください。

1.	ご用件は（私におっしゃってください）
2.	つきあたるまでまっすぐ行き，左に曲がる
3.	どういたしまして

第19課　直説法近過去をマスターしよう！（1）

★まずはコレ！

1 直説法近過去とは

イタリア語で過去を表す表現はいくつかあるのですが，そのなかでもっとも頻繁に使うのが**直説法近過去**です。これは一般に「**〜した**」と訳すことができ，原則，現在と関連をもつ比較的近い過去を表すときに用います。

作り方は，まず過去にしたい動詞が助動詞として**avere**を取るのか，それとも**essere**なのかを判断します。次にそれを主語によって直説法現在で活用し，その後に動詞の過去分詞をつなげます。助動詞としてavereとessereのどちらを取るかは，**ポイント**④で説明します。

avereもしくはessereの直説法現在の活用 ＋ 動詞の過去分詞

2 動詞の過去分詞（1）

動詞の過去分詞はひとつの規則に基づいて作れるものと，そうではないものとに分かれます。まずは以下の規則を覚えてください。

- are 動詞　⇒　- ato	parlare (parlato), mangiare (mangiato), andare (andato)
- ere 動詞　⇒　- uto	ricevere (ricevuto), vendere (venduto), sapere (saputo)
- ire 動詞　⇒　- ito	dormire (dormito), partire (partito), capire (capito), finire (finito)

＊ **vendere**「売る」，**sapere**「知る，知っている」。

3 直説法近過去の活用　264

直説法近過去の活用はparlareのように，助動詞としてavereを取る場合は，

avereの直説法現在の活用にそのまま過去分詞をつけるだけです。andareのようにessereを取る場合は過去分詞の語尾を，形容詞の時と同様，主語の性・数に合わせてください。例えば「私は行きました」では，「私」が男性であれば“**sono andato**”，女性ならば“**sono andata**”となります。

	主語	**parlare** 話す，話せる	**andare** 行く
□	io	ho parlato	sono andato (-a)
□	tu	hai parlato	sei andato (-a)
□	lui　lei　Lei	ha parlato	è andato (-a)
□	noi	abbiamo parlato	siamo andati (-e)
□	voi	avete parlato	siete andati (-e)
□	loro　Loro	hanno parlato	sono andati (-e)

4 助動詞としてessereを取る主な動詞

265

助動詞として**essere**を取る動詞はある程度，限られており，主に移動，状態，生死，好みを表す自動詞と，すべての再帰動詞です。具体的には以下のような動詞になりますが，まずはこれらをおさえ，それ以外は**avere**と想定しておくといいでしょう。

	【移動】	
□	**andare**	行く
□	**venire (venuto)**	来る
□	**partire**	出発する
□	**arrivare**	到着する
□	**uscire**	出る
□	**entrare**	入る
□	**tornare**	戻る
□	**salire**	上がる
□	**scendere (sceso)**	下がる

	【好み】	
□	**piacere (piaciuto)**	好まれる

＊（　）内は不規則に変化する過去分詞

	【状態】	
□	**essere (stato)**	～である
□	**stare**	いる，～の状態である
□	**rimanere (rimasto)**	残る

	【生死】	
□	**nascere (nato)**	生まれる
□	**morire (morto)**	死ぬ

	【再帰動詞】	
□	**alzarsi**	起きる
□	**lavarsi**	（自分の体を）洗う
□	**dimenticarsi**	忘れる

5 直説法近過去の用法（1）

266

まずは**ポイント**④で挙げたような，助動詞として **essere** を取る動詞で近過去の文章を作ってみましょう。

□	Marco, dove sei andato questa estate ?	マルコ，この夏，きみはどこへ行ったのですか。
□	– Sono andato al mare vicino a Napoli.	— 僕はナポリの近くの海に行きました。
□	Maria, sei andata al ristorante cinese ieri sera ?	マリーア，昨晩，きみは中華レストランに行ったのですか。
□	– Sì, ci sono andata con le mie amiche.	— はい，私は友人たち（女）と行きました。
□	Il tuo collega è tornato in Giappone ?	きみの同僚は日本へ戻ってきましたか。
□	– Sì, è tornato la settimana scorsa.	— はい，彼は先週，戻ってきました。
□	Siete stati a casa ieri ?	昨日，きみたちは家にいましたか。
□	– No, non ci siamo stati.	— いいえ，私たちはいませんでした。
□	A che ora sono usciti di casa i tuoi genitori ?	きみの両親は何時に家を出ましたか。
□	– Sono usciti verso le nove.	— 彼らは 9 時頃，出ました。

＊**ieri sera**「昨晩」，**la settimana scorsa**「先週」。

＊**collega**「同僚」は単数のときは男性・女性とも同じ形。複数だと男性は **colleghi**，女性だと **colleghe** となる。

267

▶声に出して言ってみよう①

イタリア語で言ってみてください。

1. 《既婚女性の》ビアンキさん，あなたは家に何時にお着きになりましたか。
   — 私は 6 時頃，着きました。
2. 昨晩，きみたち（男）は家から出かけましたか。
   — はい，私たちはフランス映画を見に映画館に行きました。
3. マリーア，今朝（stamattina），どこにいたのですか。
   — 私は家にいました。

★次にコレ！

直説法近過去の用法（2）

268

助動詞として avere を取る動詞は，すべての他動詞と多くの自動詞です。とりあえずは，**ポイント**④で挙げた動詞以外であれば，avere を取ると思っておけばいいのではないでしょうか。

□	Che cosa hai mangiato a pranzo?	昼食にはきみは何を食べましたか。
□	– Ho mangiato un panino con prosciutto crudo.	— 私は生ハムのサンドイッチを食べました。
□	Signor Bianchi, quante ore ha lavorato ieri?	ビアンキさん（男），あなたは昨日，何時間，仕事をされましたか。
□	– Ho lavorato dieci ore.	— 私は10時間，働きました。
□	Avete dormito bene stanotte?	きみたちは昨夜，しっかり眠れましたか。
□	– Sì, abbiamo dormito benissimo.	— はい，私たちはとてもよく眠れました。

＊ mangiare ～ a pranzo「昼食に～を食べる」，prosciutto crudo「生ハム」。

直説法近過去でよく使う副詞・副詞句

269

直説法近過去でよく使う副詞・副詞句をまとめておきましょう。

□	**ieri**	昨日
□	**l'altro ieri**	おととい
□	**l'altro giorno**	先日
□	**la settimana scorsa**	先週
□	**il mese scorso**	先月
□	**l'anno scorso**	昨年
□	**lunedì scorso**	このあいだの月曜
□	**domenica scorsa**	このあいだの日曜
□	**già**	すでに
□	**non ～ ancora**	まだ～していない
□	**non ～ mai**	今まで一度も～していない

□	**cinque minuti fa**	5分前
□	**un'ora fa**	1時間前
□	**due giorni fa**	2日前
□	**una settimana fa**	1週間前
□	**un mese fa**	1か月前
□	**un anno fa**	1年前

□	Ho già parlato con il professore.	私はすでに先生と話をしました。
□	Non ho ancora finito i compiti.	私はまだ宿題を終わらせていません。
□	Non ho mai assaggiato questo piatto giapponese.	私はこの日本料理はこれまで一度も食べたことがありません。

＊ **già** と **ancora** の置く位置は原則，助動詞と過去分詞の間です。
＊ **assaggiare**「味見する」。

270

▶声に出して言ってみよう②

イタリア語で言ってみてください。

1. きみは恋人（男）に何をプレゼントしたのですか。
   ― 私は時計をプレゼントしました。
2. きみたちはいつテニスをしたのですか。
   ― 私たちはこのあいだの土曜日にしました。
3. あなたはすでに夕食を取られましたか。
   ― いいえ，まだ夕食は取っていません。

★さらにコレ！

8 動詞の過去分詞（2）

271

動詞の過去分詞の中には，**ポイント**②で示した規則には則っていないものもかなり多くあります。それらを主要な動詞から少しずつ覚えていくようにしましょう。

□	essere	⇒	**stato**
□	chiudere	⇒	**chiuso**
□	leggere	⇒	**letto**
□	scrivere	⇒	**scritto**
□	aprire	⇒	**aperto**
□	venire	⇒	**venuto**

□	fare	⇒	**fatto**
□	conoscere	⇒	**conosciuto**
□	prendere	⇒	**preso**
□	vedere	⇒	**visto**
□	dire	⇒	**detto**

9 直説法近過去の用法（3）

272

不規則な過去分詞を用いる場合でも，正確に文章を作れるようになりましょう。

□ □	Lucia, hai letto questo romanzo ? – No, non ancora.	ルチーア，きみはこの小説を読みましたか。 いいえ，まだ（読んでいません）。
□ □	Paolo, sei stato in Sicilia ? – No, non ci sono mai stato.	パオロ，きみはシチリアに行ったことがある？ — いいえ，私は一度も行ったことがありません。
□ □	Che cosa avete fatto a Firenze ? – Abbiamo fatto spese.	きみたちはフィレンツェで何をしたのですか。 — 私たちはショッピングをしました。
□ □	Che cosa avete preso da bere ? – Abbiamo preso una bottiglia di vino rosso della casa.	きみたちは飲み物に何を頼んだのですか。 — 私たちはハウス・ワインの赤をボトルで頼みました。

＊「**～に行ったことがある**」という言い方をするときには，動詞は **andare** ではなく **essere** を使います。

273

▶声に出して言ってみよう③

イタリア語で言ってみてください。

1. あなた（女）は日本へ行かれたことがありますか。
   — いいえ，一度もこれまで行ったことがありません。
2. アンナ，きみは先週，授業に来ましたか。
   — いいえ，私は来ませんでした。
3. きみたちは土曜日の夜，何をしたのですか。
   — 私たちはあるフランス映画を見ました。

★余裕があれば！

動詞の過去分詞（3）

274

不規則な過去分詞をさらに覚えましょう。

□	accendere	⇒	**acceso**	点火する，点灯する
□	spegnere	⇒	**spento**	消火する，消灯する
□	nascere	⇒	**nato**	生まれる
□	morire	⇒	**morto**	死ぬ
□	bere	⇒	**bevuto**	飲む
□	chiedere	⇒	**chiesto**	尋ねる
□	mettere	⇒	**messo**	置く
□	offrire	⇒	**offerto**	提供する，おごる
□	rimanere	⇒	**rimasto**	残る
□	rispondere	⇒	**risposto**	（質問，手紙などに）答える，返事する

直説法近過去の用法（4）

275

ポイント⑩の動詞を用いて，文章を作ってみましょう。

□	Giovanni, in che anno sei nato ?	ジョヴァンニ，きみは何年に生まれたのですか。
□	– Sono nato nel 1990 (millenovecentonovanta).	— 私は 1990 年に生まれました。
□	Maria, non sei uscita con la famiglia ?	マリーア，きみは家族と一緒に出かけなかったのですか。
□	– No, sono rimasta in casa.	— はい，私は家に残りました。
□	Mio nonno non c'è più. È morto l'anno scorso.	私の祖父は存命ではありません。昨年，亡くなりました。
□	Ho messo la chiave sulla tavola.	私は食卓の上に鍵を置きました。
□	Hai acceso la luce del salotto ?	きみは居間のライトを点けましたか。

＊２番目の例文のような否定疑問文で聞かれた場合，答えは日本語とは異なってくるので注意。

276

▶声に出して言ってみよう④

イタリア語で言ってみてください。

1. 昨夜，きみたちは何を飲んだのですか。
   — 私たちはドイツのビールを飲みました。
2. きみは先生（女）のEメールにすでに返信しましたか。
   — いいえ，まだしていません。
3. ミケーレは夕食後，きみに何かおごってくれましたか。
   — はい，彼はグラッパをおごってくれました。

★最後にコレ！

音声を聴いて答えよう！

以下のヒントをもとに音声の問いかけに答えてみてください。

1.	ミラノでショッピング　　靴を購入
2.	行きました
3.	ミラノ風カツレツ（una cotoletta alla milanese）

第20課　直説法近過去をマスターしよう！（2）

★まずはコレ！

再帰動詞の直説法近過去の活用

278

再帰動詞を近過去にするときは，助動詞は常に essere を取ります。essere の活用は再帰代名詞と過去分詞のあいだに置き，過去分詞の語尾は主語の性・数によって4通りに変化します。

主語	**alzarsi** 起きる	**lavarsi** （自分の体の）～を洗う
□ io	mi sono alzato (-a)	mi sono lavato (-a)
□ tu	ti sei alzato (-a)	ti sei lavato (-a)
□ lui　lei　Lei	si è alzato (-a)	si è lavato (-a)
□ noi	ci siamo alzati (-e)	ci siamo lavati (-e)
□ voi	vi siete alzati (-e)	vi siete lavati (-e)
□ loro　Loro	si sono alzati (-e)	si sono lavati (-e)

直説法近過去の用法（5）

279

再帰動詞を近過去で活用した文章を見ていきましょう。

□ Paolo, a che ora ti sei alzato ? □ – Mi sono alzato verso le sette e mezzo.	パオロ，きみは何時に起きましたか。 — 私は7時半頃，起きました。
□ Maria, ti sei arrabbiata ? □ – No, non mi sono arrabbiata per niente.	マリーア，きみは怒ったの？ — いいえ，私はまったく怒りませんでした。
□ Signori Bianchi, quando vi siete conosciuti ? □ – Ci siamo conosciuti venti anni fa.	ビアンキ夫妻，あなたがたはいつ知り合われたのですか。 — 私たちは20年前に知り合いました。

□ □	È da molto tempo che non ci vediamo. Quando ci siamo visti ? – Ci siamo visti circa cinque anni fa.	私たちは長いこと会っていませんね。いつ会いましたか。 — 会ったのは約5年前のことです。

＊ **È da molto tempo che** ～「長いこと～している」。

280

▶声に出して言ってみよう①

イタリア語で言ってみてください。

1. アンナ，きみは今朝，早く目覚めましたか。
   — いいえ，私は遅い時間に目が覚めました。
2. きみの両親はどこで知り合ったのですか。
   — 彼らは学校で知り合いました。
3. 《女性に呼びかけて》あなたは引っ越されましたか。
   — はい，私は先月，ジェノヴァに引っ越しました。

★次にコレ！

3 直説法近過去の文章で人称代名詞の直接補語を用いるケース

281

助動詞として avere を取る近過去の文章では，原則，過去分詞の語尾変化はありませんが，人称代名詞の直接補語を用いる場合は例外です。lo を取るときは過去分詞の語尾はそのままの **-o** ですが，la のときは **-a** に，li のときは **-i** に，le のときは **-e** にします。また **lo** と **la** を取る場合は，後の **avere** の活用と連結させます。

□ □	Hai comprato quel cappello ? – Sì, l'ho comprato.	きみはあの帽子を買いましたか。 — はい，それを買いました。
□ □	Hai comprato quella camicia ? – Sì, l'ho comprata.	きみはあのシャツを買いましたか。 — はい，それを買いました。
□ □	Hai comprato quei pantaloni ? – Sì, li ho comprati.	きみはあのズボンを買いましたか。 — はい，それらを買いました。
□ □	Hai comprato quelle scarpe ? – Sì, le ho comprate.	きみはあの靴を買いましたか。 — はい，それらを買いました。

＊ **cappello**「帽子」。

4 直説法近過去の用法（6）

282

動詞 **piacere** を近過去の時制で用いて,「〜は気に入りました」と言いたいとき, 助動詞は essere を取ります。したがって過去分詞の語尾は主語の性・数によって変化しますが, この動詞は好きな対象が主語になることを忘れないでください（→ 15 課）。

□	Mi piace questo libro.	私はこの本が気に入っています。
□	→ Mi è piaciuto questo libro.	→ 私はこの本が気に入りました。
□	Mi piace questa pizza.	私はこのピザが気に入っています。
□	→ Mi è piaciuta questa pizza.	→ 私はこのピザが気に入りました。
□	Mi piacciono questi dolci.	私はこのケーキが気に入っています。
□	→ Mi sono piaciuti questi dolci.	→ 私はこのケーキが気に入りました。
□	Mi piacciono queste canzoni.	私はこの歌が気に入っています。
□	→ Mi sono piaciute queste canzoni.	→ 私はこの歌が気に入りました。

283

▶声に出して言ってみよう②

イタリア語で言ってみてください。

1. きみはナポリでピザを食べましたか。
   — はい, それを食べました。
2. きみは考古学博物館（il Museo Archeologico）を訪れましたか。
   — はい, それを訪れました。
3. きみは古代の彫像（statue antiche）を何体か見ましたか。
   — はい, それらを見ました。
4. きみはこのメガネを試着しましたか。
   — はい, それらを試着しました。

★さらにコレ！

5 用法により助動詞が変化するケース

284

以下に挙げる動詞は，他動詞として用いる場合は助動詞として **avere** を取りますが，自動詞として用いるときは **essere** になります。

□	**cominciare**	《他》始める　《自》始まる	**finire**	《他》終える　《自》終わる
□	**aprire**	《他》開ける　《自》開く	**chiudere**	《他》閉める　《自》閉まる
□	**suonare**	《他》演奏する　《自》鳴る		

□	Anna ha cominciato il lavoro alle nove.	アンナは 9 時に仕事を始めました。
□	La lezione è già cominciata.	授業はすでに始まっていました。
□	Ieri mia sorella ha suonato il piano due ore.	昨日，私の妹は 2 時間，ピアノを弾きました。
□	Il telefono è suonato improvvisamente.	電話が突然，鳴りました。

＊ improvvisamente「突然」。

6 準動詞を用いた文章の近過去

285

準動詞を用いた文章を近過去にする場合，助動詞は原則，準動詞の直後の動詞によって決められます。

□	Paolo ha potuto comprare una nuova macchina.	パオロは新車を買うことができました。
□	Paolo è potuto tornare a casa presto.	パオロは家に早く帰ることができました。
□	Francesca ha dovuto lavorare molto.	フランチェスカはたくさん働かなければなりませんでした。
□	Francesca è dovuta andare dal medico.	フランチェスカは医者のところへ行かなければなりませんでした。

＊ nuovo「新しい」。

286

▶声に出して言ってみよう③

イタリア語で言ってみてください。

1. きみは何時に仕事を終えましたか。
   ―7時にそれを終えました。
2. あのコンサートはすでに終わってしまいましたか。
   ― いいえ，まだ終わっていません。
3. パオラ，昨晩，なぜパーティに来なかったのですか。
   ― ごめんなさい。家から外出できなかったのです。

★余裕があれば！

7 代名詞の連結形を用いた文章の近過去

287

代名詞の連結形を動詞の前に置く場合でも，**ポイント③**で見たように直接補語（lo, la, li, le）によって過去分詞の語尾は変化します。また再帰動詞の場合，通常，過去分詞の語尾は主語の性・数によって決まりますが，形式的再帰動詞が直接補語を取る場合は例外で，やはりその直接補語に左右されます。

□	Mi hai detto la verità ?	きみは私に本当のことを言いましたか。
□	– Certo che te l'ho detta.	― もちろん，きみにそれを言いました。
□	Hai scritto una e-mail alla professoressa ?	きみはEメールを先生に書きましたか。
□	– Sì, gliel'ho scritta.	― はい，彼女にそれを書きました。
□	Signora Bianchi, Suo marito Le ha regalato un mazzo di fiori ?	ビアンキさん，あなたのご主人はあなたに花束を贈りましたか。
□	– No, non me l'ha regalato.	― いいえ，私にそれを贈りませんでした。
□	Bambini, vi siete lavati le mani ?	子供たち，きみたちは手を洗いましたか。
□	– Sì, ce le siamo lavate.	― はい，私たちはそれらを洗いしました。

8 動詞の過去分詞（4）

288

以下の不規則な過去分詞を覚えてください。

□	vincere	⇒	**vinto**	勝つ，勝ち取る
□	perdere	⇒	**perso**	負ける，失う
□	correre	⇒	**corso**	走る
□	decidere	⇒	**deciso**	決める，決断する
□	permettere	⇒	**permesso**	許す
□	piangere	⇒	**pianto**	泣く
□	porre	⇒	**posto**	置く
□	ridere	⇒	**riso**	笑う
□	scegliere	⇒	**scelto**	選ぶ
□	scendere	⇒	**sceso**	降りる

289

▶声に出して言ってみよう④

イタリア語で言ってみてください。

1. 先生はきみたちに夕食をご馳走してくれましたか。
   — はい，このあいだの土曜日に私たちにそれをご馳走してくれました。
2. きみのクラスメートたち（i compagni di classe）はきみに手を貸してくれましたか。
   — いいえ，私にそれを貸してくれませんでした。
3. マルコ，きみはいつ髪を切りましたか。
   — 先週，それらを切りました。

★最後にコレ！

音声を聴いて答えよう！

以下のヒントをもとに音声の問いかけに答えてみてください。

1.	しました
2.	買いました
3.	食べませんでした

第21課 直説法半過去をマスターしよう！

★まずはコレ！

直説法半過去とは

291

直説法近過去がすでに完了した過去を表すのに対し，半過去は過去のある時点で行為がいまだ完了していない場合に用いられます。他にも過去における状態，反復された行為，過去における同時進行を表す際に半過去が使われます。例えば，以下の例文を見てみましょう。

【近過去】

□ **Ieri ho studiato l'italiano a casa.**	昨日，私はイタリア語を勉強しました。

【半過去】

□ **Studiavo storia dell'arte all'università.**	大学で私は美術史を勉強していました。

直説法半過去の活用（1）

292

直説法半過去の活用はきわめて規則的なので，覚えるのはそれほど大変ではないと思います。まずは essere を除くすべての動詞に共通する活用語尾（-vo，-vi，-va，-vamo，-vate，-vano）をおさえてください。あとは語幹に -are 動詞では -a，-ere 動詞では -e，-ire 動詞では -i を残して，共通活用語尾をつけるということを覚えておけばいいでしょう。

	主語	活用語尾	**parlare** 話す，話せる	**leggere** 読む	**dormire** 寝る
□	io	-vo	parlavo	leggevo	dormivo
□	tu	-vi	parlavi	leggevi	dormivi
□	lui lei Lei	-va	parlava	leggeva	dormiva
□	noi	-vamo	parlavamo	leggevamo	dormivamo
□	voi	-vate	parlavate	leggevate	dormivate
□	loro Loro	-vano	parlavano	leggevano	dormivano

3 直説法半過去の用法（1）完了していない過去の行為

🎧 293

直説法半過去でもっとも頻繁に使われているのは，**ポイント**①でも指摘したように，ある時点で明確に完了していない過去の行為を表す用法です。

□	Ho deciso di venire in Italia per studio quando avevo venti anni.	私は20歳だったときに，イタリアに研究のために来ることを決意しました。
□	È venuto a casa qualcuno quando facevo il bagno.	私が入浴していたとき，誰かが家にやって来ました。
□	È suonato il telefono quando dormivo nella mia camera.	私が部屋で眠っていたとき，電話が鳴りました。

＊ qualcuno「誰か」。

🎧 294

▶声に出して言ってみよう①

イタリア語で言ってみてください。

1. きみは日本では何を勉強していたのですか。
   — 私はイタリア文学を勉強していました。
2. きみはフィレンツェではどこに住んでいたのですか。
   — 私は中心街，大聖堂の近くに住んでいました。
3. 私が試着室でシャツを試着していたとき，誰かが入ってきました。

★次にコレ！

4 直説法半過去の活用（2）

🎧 295

直説法半過去で不規則に活用する動詞はいくつかありますが，それらはessereを除けば，語幹のみが**ポイント**②で示したような原則に従わないということで，活用語尾は規則活用と同一です。ですからioの活用形のみ覚えておけば，残りは活用できるはずです。

主語	活用語尾	**fare** する	**dire** 言う	**bere** 飲む
io	-vo	facevo	dicevo	bevevo
tu	-vi	facevi	dicevi	bevevi
lui lei Lei	-va	faceva	diceva	beveva
noi	-vamo	facevamo	dicevamo	bevevamo
voi	-vate	facevate	dicevate	bevevate
loro Loro	-vano	facevano	dicevano	bevevano

5 直説法半過去の用法（2）過去の習慣・反復行為

296

過去において繰り返し行われた行為についても半過去が用いられます。

Che cosa facevi a Firenze ?	きみはフィレンツェで何をしていましたか。
– Frequentavo una scuola di lingua italiana.	— 私はイタリア語の学校へ通っていました。
Visitavi spesso le chiese in quei giorni ?	その当時，きみはしばしば教会を訪れていましたか。
– Sì, le visitavo spesso.	— はい，頻繁に訪れていました。
Cucinavi piatti giapponesi durante il soggiorno a Milano ?	きみはミラノに滞在中，日本料理を作っていましたか。
– No, cucinavo piatti italiani.	— いいえ，イタリア料理を作っていました。

＊ **frequentare**「～に通う」は他動詞なので前置詞を取らないことに注意。

▶声に出して言ってみよう②

イタリア語で言ってみてください。

1. 田舎ではきみは何をしていたのですか。
   — 私は毎日，散歩をしていました。
2. その当時，きみは頻繁にスポーツをしていましたか。
   — はい，毎週日曜日，テニスをしていました。
3. きみたちは美術館にはよく行っていましたか。
   — はい，私たちはそこに週に 2 回，行っていました。

★さらにコレ！

essereを用いた文章の半過去 298

直説法半過去において，essereのみは完全に不規則に活用します。これはそのまま丸暗記してください。

主語	essere ～である
io	ero
tu	eri
lui lei Lei	era
noi	eravamo
voi	eravate
loro Loro	erano

半過去の文章でよく用いられる副詞句 299

da bambino (bambina)	幼児の頃
da ragazzo (ragazza)	少年（少女）の頃
da studente (studentessa)	学生の頃
da impiegato (impiegata)	会社員の頃

直説法半過去の用法（3）過去の状態 300

過去の状態は近過去でも言い表せますが，半過去もよく用いられます。その場合，essereと形容詞を組み合わせて，「（かつては）～でした」と言うことができます。その際に使われる形容詞をいくつか挙げておきましょう。

□	**bello**	美しい
□	**brutto**	醜い
□	**buono**	性格がよい
□	**cattivo**	意地悪な
□	**alto**	背が高い
□	**basso**	背が低い

□	**grasso**	太っている
□	**magro**	痩せている
□	**allegro**	陽気な
□	**triste**	陰気な
□	**diligente**	勤勉な
□	**negligente**	怠慢な

□	**caro**	値段が高い
□	**economico**	値段が安い
□	**studioso**	勉強熱心な
□	**stupendo**	すばらしい
□	**timido**	シャイな
□	**silenzioso**	物静かな

□	Come eri da bambina ?	きみは幼少のとき，どのような感じでしたか。
□	– Ero molto allegra.	— 私はとても陽気でした。
□	Come era quel palazzo prima della guerra ?	戦争前はあの建物はどのような感じでしたか。
□	– Era stupendo, ma oggi è completamente diverso.	— すばらしかったですが，今日ではすっかり変わってしまっています。

＊ **completamente**「すっかり」，**diverso**「異なる」。

301

▶声に出して言ってみよう③

イタリア語で言ってみてください。

1. 私の夫は少年のとき，とてもハンサムでした。
2. ネーリ先生（男），あなたは学生の頃，どんな感じだったのですか。
   — それほど勤勉であったわけではありません。
   たいして勉強していたわけではなく，いつもサッカーをしていました。
3. あれらのフレスコ画（affreschi）は修復（restauro）以前，どのような感じでしたか。
   — すばらしかったです。

★余裕があれば！

9 直説法半過去の用法（4） 願望の緩和

302

volere を直説法半過去の 1 人称単数で活用すると，「**私は～を欲していたのですが**」といったニュアンスになり，自身の願望をやわらげる言い方になります。

□	Volevo chiederLe un favore.	あなたにお願いがあったのですが。
□	Volevo farvi una domanda.	きみたちに質問があったのですが。

□	Volevo parlare con Lei.	あなたとお話がしたかったのですが。

10 直説法半過去の用法（5） 過去の同時進行

303

過去においていくつかの行為が同時に進行している場合，接続詞 **mentre**「～の間に」「～の一方で」ないしは **quando**「～しているとき」を用い，動詞は原則，いずれも半過去になります。日本語にすると，**「～しているとき［している間］，…していました」**となります。

□	Mentre mia figlia preparava la cena, io guardavo la televisione.	私の娘が夕食の準備をしている間，私はテレビを見ていました。
□	Mentre mio marito giocava a golf con gli amici, io facevo i lavori di casa.	私の夫が友人たちとゴルフをしているとき，私は家事を行っていました。
□	Mentre la mia collega lavorava a Tokyo, io passavo le vacanze in Italia.	私の同僚（女）が東京で仕事をしているとき，私はイタリアでバカンスを過ごしていました。

304

▶声に出して言ってみよう④

イタリア語で言ってみてください。

1. 《Lei に》すみません！　私はタクシーを 1 台，呼びたかったのですが。
2. シエナでどしゃぶりの一方で，フィレンツェではよい天気でした。
3. きみがイタリアで楽しんでいる間，私は東京でたくさん仕事をしていました。

★最後にコレ！

11 音声を聴いて答えよう！

305

以下のヒントをもとに音声の問いかけに答えてみてください。

1.	アメリカ文学
2.	かなりまじめ
3.	いつも勉強してはいない　　友人たちと時々，飲みに行く

第22課　直説法大過去をマスターしよう！

★まずはコレ！

1 直説法大過去とは

接続詞や関係代名詞などを用いて複数の節を一文にする際に，過去の行為のあいだで時差をつけたいときに用います。もっとも単純な例で言えば，「【A】した後で，【B】した」という文章において，【B】よりも前に行った【A】を表すときに大過去を使います。過去の行為【B】を表すには，これまで学んだ近過去や半過去以外に，30課で学ぶ遠過去が用いられるので，大過去はそれらの時制よりもさらに前のことを言いたいときに使うと認識しておけばいいでしょう。

2 直説法大過去の活用

306

時制は直説法近過去と同様，助動詞 avere，essere の後に動詞の過去分詞を置く，複合時制です。近過去と異なる点は，助動詞を半過去で活用するという点です。例えば，parlare と andare の大過去における活用は以下のようになります。

主語	**parlare** 話す，話せる	**andare** 行く
□ io	avevo parlato	ero andato (-a)
□ tu	avevi parlato	eri andato (-a)
□ lui　lei　Lei	aveva parlato	era andato (-a)
□ noi	avevamo parlato	eravamo andati (-e)
□ voi	avevate parlato	eravate andati (-e)
□ loro　Loro	avevano parlato	erano andati (-e)

3 直説法大過去の用法

🎧 307

まずは，主節が近過去で dopo che に導かれる従属節に大過去を用いるという，もっとも基本的なパターンを身につけましょう。

行為A［直説法近過去］	+ **dopo che** +	行為B［直説法大過去］	「Bをした後にAをした」

□	Sono uscita di casa dopo che avevo preparato la cena.	私は夕食の準備をしてから家を出ました。
□	Sono arrivata alla stazione dopo che il treno era già partito.	その電車がすでに出発した後に，私は駅に到着した。→ 私が駅に到着したとき，その電車はすでに出発していました。
□	Sono venuto qui dopo che mi ero laureato in Giappone.	私は日本で大学を卒業した後，こちらに来ました。
□	Ho cominciato le mie ricerche a Firenze dopo che avevo vinto la borsa di studio.	私は奨学金を獲得した後，フィレンツェで自分の研究を始めました。
□	Ho visto quel film dopo che avevo letto la sceneggiatura.	私はシナリオを読んでから，その映画を見ました。

＊**laurearsi**「（大学を）卒業する，学士号を得る」，**borsa di studio**「奨学金」，**ricerca**「研究」，**sceneggiatura**「シナリオ」。

🎧 308

▶声に出して言ってみよう①

イタリア語で言ってみてください。

1. 私（女）は日本でイタリア語を学んだ後，イタリアに来ました。
2. 私はこの靴を試着した後に購入しました。
3. 私たちは結婚した後，ミラノに引っ越しました。

★次にコレ！

動詞のジェルンディオ

ひとつの動詞には過去分詞，現在分詞，それにジェルンディオという 3 つの形があります。ジェルンディオの用法は**ポイント⑤**と**ポイント⑦**で見ていくことにして，ここではその作り方を学びましょう。わずかの例外を除いて，**-are** 動詞は語幹に **-ando**，**-ere** 動詞と **-ire** 動詞は **-endo** と覚えておけばいいでしょう。

原形	ジェルンディオ	例
-are	-ando	cercare → **cercando**,　chiacchierare → **chiacchierando**
-ere	-endo	leggere → **leggendo**,　scrivere → **scrivendo**
-ire	-endo	dormire → **dormendo**,　finire → **finendo**

＊ cercare「探す」，chiacchierare「おしゃべりをする」。

[例外] fare - facendo　dire - dicendo　bere - bevendo　porre - ponendo

ジェルンディオの用法（1）　進行形

ジェルンディオを用いたもっとも基本的な文章は進行形です。stare の現在活用の後につければ現在進行形，stare の半過去活用の後につければ過去進行形となります。

stare の活用（直説法現在・半過去）＋ ジェルンディオ　＝　進行形

□	Che cosa stai facendo ?	きみは何をしているところですか。
□	– Sto guardando la televisione.	— 私はテレビを見ているところです。
□	– Sto cuocendo il pesce.	— 私は魚を焼いているところです。
□	– Sto leggendo un libro sull'arte rinascimentale.	— 私はルネサンス美術に関する本を読んでいるところです。

□	Che cosa stavi facendo quando ti ho telefonato ieri sera ?	昨晩，きみに電話をしたとき，きみは何をしていましたか。
□	– Stavo leggendo il giornale.	— 私は新聞を読んでいました。
□	– Stavo chiacchierando con mia madre.	— 私は母親とおしゃべりをしていました。
□	– Stavo facendo la doccia.	— 私はシャワーを浴びていました。

＊**cuocere**「(加熱して) 料理する，煮る，焼く」，**doccia**「シャワー」。

▶声に出して言ってみよう②

イタリア語で言ってみてください。

1. 《男性に呼びかけて》あなたは何をされているところですか。
   — 私は夕食の準備をしているところです。肉を料理しているところです。
2. 《少年たちに呼びかけて》きみたちは何をしているところですか。
   — 私たちはサッカーをしているところです。
3. きみたちはその時間に何をしていましたか。
   — 私たちはビヤホール（birreria）でビールを飲んでいました。

★さらにコレ！

6 副詞節を伴う複文

すでにこれまでも例文で取り上げてきましたが，ここで時間や理由を表す節を整理しておきましょう。接続詞 quando に導かれる節は時を表し，例えば「**[主語] が [動詞] するときに**」と訳せます。同じ時を表す場合でも同時性を強調したいときは mentre を用い，それは「**[主語] が [動詞] する間**」「**[主語] が [動詞] する一方で**」と訳すことができます。それに対して理由を表す節は，perché「というのは～なので」や siccome「～なので」を使います。

□	Quando fa bel tempo, vado al parco a fare una passeggiata.	天気がよいときは，私は公園に散歩をしに行きます。
□	Mentre i bambini nuotano in mare, io mi distendo sulla spiaggia.	子供たちが海で泳いでいる一方で，私は砂浜で寝そべっています。
□	Oggi non posso uscire di casa, perché devo sbrigare le faccende domestiche.	今日は外出することができません。というのも家事をしなければならないからです。
□	Siccome mi sento male, vorrei rimanere in casa.	私は気分が悪いので，家に残りたいと思います。

＊ **sbrigare le faccende domestiche**「家事をする」。

ジェルンディオの用法（2） 副詞節の代用 312

時間や理由を表す副詞節が主節と主語が同一の場合，ジェルンディオを用いた節で代用することがよくあります。主節と副詞節が**同時の場合は**単純にジェルンディオから始まる節にし，**ポイント**③で見たような副詞節が主節より**前時制の場合**は **avere** ないしは **essere** のジェルンディオに過去分詞をつけた形で始まる節にします。

□ Guido la macchina mentre ascolto la radio.
私はラジオを聴きながら車を運転します。
□ **→ Guido la macchina ascoltando la radio.**

□ Cucinavo mentre guardavo internet.
私はインターネットを見ながら料理をしていました。
□ **→ Cucinavo guardando internet.**

□ Non posso partecipare alla festa, perché ho la febbre.
私はパーティに参加できません。というのも熱があるからです。
□ **→ Non posso partecipare alla festa avendo la febbre.**

□ Sono venuta a lezione dopo che avevo finito i compiti.
私（女）は宿題を終えてから授業に来ました。
□ **→ Sono venuta a lezione avendo finito i compiti.**

□ Oggi mi sono sentito male tutto il giorno, perché avevo bevuto troppo ieri sera.
今日は一日中，気分が悪かったです。というのも昨日の夜，飲みすぎたからです。
□ **→ Oggi mi sono sentito male tutto il giorno avendo bevuto troppo ieri sera.**

□ Ho superato quell'esame, perché mi ero preparato bene.

私はその試験に合格しました。というのもしっかり準備をしていたからです。

□ → **Ho superato quell'esame essendo preparatomi bene.**

＊ **radio**「ラジオ」は語尾母音が **-o** ですが女性名詞。**tutto il giorno**「一日中」, **superare**「越える,（試験に）合格する」, **esame**「試験」。

🎧 313

▶声に出して言ってみよう③

イタリア語で言ってみてください。

1. 私はフィレンツェに住んでいたとき，しばしば美術館と教会を訪れていました。
2. 私は会社で働きながら，大学に通っていました。
3. このあいだの土曜日，私たち（男）は山へ行きました。というのもよい天気だったからです。
4. 私は準備をしっかりしてその試験を受けました。

★最後にコレ！

8 音声を聴いて答えよう！

以下のヒントをもとに音声の問いかけに答えてみてください。

1.	会社で働いていた
2.	東京で勉強していた
3.	大学で美術史を学んでいる

第23課 直説法未来・先立未来をマスターしよう！

★まずはコレ！

直説法未来とは

直説法未来は文字どおり未来のことを表したいときに用います。ただし，未来の出来事であっても，会話では簡略化して直説法現在で表すこともよくあります。例えば，「私は来年，イタリアへ行きます」と言いたいとき，本来であれば未来形を用いて，“**Andrò** in Italia l'anno prossimo.”とすべきなのでしょうが，実際には“**Vado** in Italia l'anno prossimo.”と言うことが多いのです。

一方，直説法未来は推量を表すこともでき，“Lui è napoletano.”だと「彼はナポリ人です」と断定する形になりますが，“Lui **sarà** napoletano.”だと「彼は（おそらく）ナポリ人であろう」となります。こうした表現は旅行会話ではあまり使うことはないと思いますが，現地での日常生活ではかなり頻繁に用いられるので，ぜひ身につけてください。

2 直説法未来の活用

直説法未来の活用はきわめて規則的です。すべての動詞に共通する活用語尾（-rò, -rai, -rà, -remo, -rete, -ranno）があり，まずはそれを覚えてください。あとは語幹の問題ですが，規則活用する動詞では -are 動詞と -ere 動詞は -e，-ire 動詞は -i になります。-are 動詞が -a ではなく，-e となることがポイントです。

	主語	活用語尾	**arrivare** 到着する	**prendere** 取る，注文する，乗る	**partire** 出発する
□	io	-rò	arriverò	prenderò	partirò
□	tu	-rai	arriverai	prenderai	partirai
□	lui lei Lei	-rà	arriverà	prenderà	partirà
□	noi	-remo	arriveremo	prenderemo	partiremo
□	voi	-rete	arriverete	prenderete	partirete
□	loro Loro	-ranno	arriveranno	prenderanno	partiranno

直説法未来の用法（1） 未来

ポイント①でも述べたとおり，未来の出来事は口語では直説法現在でも表すので，両時制を並べておきましょう。（　）内が現在形です。

□	Viaggierò (Viaggio) in Europa questa primavera.	私はこの春，ヨーロッパに旅行します。
□	Torneremo (Torniamo) in Giappone il mese prossimo.	私たちは来月，日本へ戻ります。
□	Mi prenderò (prendo) una settimana di vacanza in agosto.	私は8月に1週間の休暇を取ります。
□	Quel bambino diventerà (diventa) famoso in futuro.	あの男の子は将来，有名になります。

＊ famoso「有名な」，in futuro「今後（は），将来（は）」。

▶声に出して言ってみよう①

イタリア語で言ってみてください。

1. ネーリさん（既婚女性），いつパリへ発たれるのですか。
— 私はここ何日かのうちに発ちます。
2. きみは何時に家に着きますか。
— 私は8時前には着きます。
3. きみはいつ課題を終えるのですか。
— 私はそれらを今月末には仕上げます。

★次にコレ！

直説法未来の活用 不規則活用

🎧 318

不規則活用といっても，語幹が**ポイント**②で示した形（-e, -i）と異なるだけで，活用語尾は変わりません。パターンとしては，essere のように語幹が不定詞とはまったく異なる形になるもの，fare のように -a になるもの，andare のように語尾母音が省かれるもの，venire のように語尾子音を省いてその代わりに **r** を置くものの 4 つに分けられます。

	主語	活用語尾	**essere** 〜である	**fare** する	**andare** 行く	**venire** 来る
□	io	**- rò**	sarò	farò	andrò	verrò
□	tu	**-rai**	sarai	farai	andrai	verrai
□	lui lei Lei	**-rà**	sarà	farà	andrà	verrà
□	noi	**-remo**	saremo	faremo	andremo	verremo
□	voi	**-rete**	sarete	farete	andrete	verrete
□	loro Loro	**-ranno**	saranno	faranno	andranno	verranno

▶ **essere** パターン：他になし
▶ **fare** パターン：**stare**（いる，〜の状態である），**dare**（与える）
▶ **andare** パターン：**avere**（持つ），**vedere**（会う，見る），**potere**（〜できる），**dovere**（〜しなければならない），**sapere**（〜できる）など
▶ **venire** パターン：**volere**（〜したい），**rimanere**（残る），**bere**（飲む）など

5 直説法未来の用法（2） 推量

🎧 319

現在の事柄や行為であってもはっきりと断定できない場合は，直説法未来で言います。

□	Quel palazzo sarà gotico.	あの建物は（おそらく）ゴシック様式でしょう。
□	Marco avrà venticinque anni.	マルコは（たぶん）25 歳でしょう。
□	Giovanni verrà da Napoli.	ジョヴァンニは（おそらく）ナポリ出身でしょう。
□	Il mio amico lavorerà in una banca a Milano.	私の友だちは（たぶん）ミラノの銀行で働いているのでしょう。

▶声に出して言ってみよう②

🎧 320

イタリア語で言ってみてください。

1. きみのお父さんは何歳ですか。
   — 私の父は（たぶん）52 歳でしょう。
2. アンナはどこの出身ですか。
   — 彼女は（たぶん）トリノ出身でしょう。
3. きみの友だち（女）は何をしている人ですか。
   — 彼女は（おそらく）旅行代理店（agenzia turistica）で働いているのでしょう。

★さらにコレ！

6 直説法先立（せんりつ）未来とは

未来の中で時差をつけたい場合や，現在と未来のあいだに起きた出来事を表したいときに直説法先立未来を用います。例えば，“Maria **andrà** in Giappone dopo che **avrà finito** gli studi a Napoli.” は，マリーアはいずれ日本へ行くであろうが，その前にナポリでするであろう行為を先立未来で表しています。訳は「マリーアはナポリでの研究を終了した後に，日本へ行くでしょう」となります。

7 直説法先立未来の活用

🎧 321

直説法近過去と同様，複合時制で，助動詞 avere ないし essere を直説法未来で活用し，その後に過去分詞をつけます。

	主語	**parlare** 話す，話せる	**andare** 行く
☐	io	avrò parlato	sarò andato (-a)
☐	tu	avrai parlato	sarai andato (-a)
☐	lui lei Lei	avrà parlato	sarà andato (-a)
☐	noi	avremo parlato	saremo andati (-e)
☐	voi	avrete parlato	sarete andati (-e)
☐	loro Loro	avranno parlato	saranno andati (-e)

8 直説法先立未来の用法（1） 過去の推量

🎧 322

直説法先立未来は本来，未来の中で時差をつけたいときに用いるのですが，よりシンプルな用法は過去の推量です。近過去で表した文章の助動詞 avere，essere の部分を現在形から未来形に変えると，「**(おそらく) ～したのでしょう**」という表現になります。

□	Giovanni avrà vinto quel premio.	ジョヴァンニはあの賞を勝ち取ったのでしょう。
□	Avrò perso la chiave in treno.	私は電車で鍵をなくしたのでしょう。
□	Leonardo avrà dipinto questo quadro.	レオナルドがこの絵を描いたのでしょう。
□	Mio fratello sarà tornato a Firenze ieri sera.	私の兄は昨晩，フィレンツェに戻ってきたでしょう。
□	I miei genitori saranno saliti sul Monte Bianco dieci anni fa.	私の両親は 10 年前にモン・ブランに登ったのでしょう。

＊ **perso** < **perdere**「失う」，**dipinto** < **dipingere**「描く」。

▶声に出して言ってみよう③ 323

イタリア語で言ってみてください。

1. マリーアは何を買ったのですか。
   — 彼女はマフラー（sciarpa）を買ったのでしょう。
2. このバカンスでマルタはどこへ行ったのですか。
   — 彼女はギリシア（Grecia）へ行ったのでしょう。
3. パオロは何の学位を取ったのですか。
   — 彼は日本文学史（storia della letteratura giapponese）で学位を取ったのでしょう。

★余裕があれば！

直説法先立未来の用法（2）現在と未来のあいだ

324

ポイント⑥で説明したように，直説法先立未来は未来の中で時差をつけたいときに用います。この用法のいちばん簡単な例は **dopo che** を用いて，「**[直説法先立未来] したら，[直説法未来] するでしょう（するつもりです）**」という言い方です。

□	Dopo che avrò fatto la spesa al mercato, tornerò a casa.	私は市場で買い物をしたら，家に帰るつもりです。
□	Dopo che avremo finito di cenare, andremo in discoteca.	私たちは夕食をすましてから，クラブへ行くつもりです。
□	Dopo che mi sarò laureata, andrò a Roma a studiare l'italiano.	私（女）は大学を卒業したら，イタリア語を勉強するためにローマへ行くつもりです。

325

▶声に出して言ってみよう④

イタリア語で言ってみてください。

1. 私（女）はあの映画を見てから，きみに自分の意見を言うつもりです。
2. 私は家事をすませてから，外出するつもりです。
3. 私（男）が日本に戻ってから，（私たち は）一緒に夕食を取るつもりです。

★最後にコレ！

音声を聴いて答えよう！

以下のヒントをもとに音声の問いかけに答えてみてください。

1.	おそらく日本での仕事を終えた後
2.	おそらく来年
3.	おそらく1月から

第24課 受動態・相対比較・相対最上級をマスターしよう！

★まずはコレ！

受動態とは

これまで学んできた事項はすべて「【主語】が【動詞】する」といった形の文章で，これは能動態と呼ばれています。それに対してここでは，「**【主語】は【動詞】される**」といった受動態と呼ばれる形を見ていきます。

受動態として用いられる動詞は他動詞に限定されています。別の言い方をすれば，能動態で他動詞を用いている文章は，理論上はすべて受動態に変換できるということです。つまり，「【名詞A】は【名詞B】を【動詞】する」という文章は，「**【名詞B】は【名詞A】によって【動詞】される**」と変えられるのです。その際，動詞は過去分詞になり essere の活用と組み合わせ，「～によって」は **da** ～となります。

能動態 → 受動態

【名詞A】＋【他動詞】＋【名詞B】
→【名詞B】＋ **essere** の活用 ＋【他動詞】の過去分詞＋ **da** ＋【名詞A】

＊"essere ＋過去分詞" というと近過去をはじめとする複合時制の文章と混同しないかという疑問があるかと思いますが，複合時制では他動詞はすべて助動詞として **avere** を取るので間違えることはありません。

受動態の直説法現在における活用

327

直接法現在で「～される」と表したい場合，essere を直接法現在で活用させ，その後に動詞の過去分詞をもってきます。この時，過去分詞は主語の性・数によって語尾変化します。例えば，**invitare**「招く」という動詞は受動態では以下のように活用します。

	主語	活用形
□	io	sono invitato (-a)
□	tu	sei invitato (-a)
□	lui lei Lei	è invitato (-a)

	主語	活用形
□	noi	siamo invitati (-e)
□	voi	siete invitati (-e)
□	loro Loro	sono invitati (-e)

受動態の直説法現在における用法

328

能動態の直説法現在で表された文章を，受動態に置き換えてみましょう。

□ La signora Neri mi invita spesso alle feste.
ネーリさんは私（男）をしょっちゅうパーティに招きます。
□ → **Sono invitato spesso alle feste dalla signora Neri.**
私はしょっちゅうネーリさんにパーティに招かれます。
□ Tutti gli studenti amano quella professoressa.
学生は全員，あの先生を慕っています。
□ → **Quella professoressa è amata da tutti gli studenti.**
あの先生はすべての学生に慕われています。
□ Molti italiani conoscono quel giocatore giapponese.
多くのイタリア人はあの日本人プレーヤーを知っています。
□ → **Quel giocatore giapponese è conosciuto da molti italiani.**
あの日本人プレーヤーは多くのイタリア人によって知られています。
□ Molti bambini italiani seguono i cartoni animati giapponesi.
イタリアの多くの子供たちは日本のアニメをよく見ています。
□ → **I cartoni animati giapponesi sono seguiti da molti bambini italiani.**
日本のアニメはイタリアの多くの子供たちによく見られています。

＊ seguire は本来，「後を追う」「ついて行く」という意味なのですが，他にも「（番組を）しっかり見る」「（講座に）通う」という意味で使われます。

▶声に出して言ってみよう①

イタリア語で言ってみてください。

1. マリーア，きみはこの学校でとても知られています。
2. あの CD はイタリアではとてもよく聴かれています。＊「聴く，聞く」は ascoltare。
3. あの小説は多くの若者たちに読まれています。
4. あの先生の講座には多くの学生たちが通っています。

★次にコレ！

受動態の直説法近過去における活用 330

直接法近過去で「～された」と表したい場合，essereの直接法現在の活用の後にessereの過去分詞であるstatoを置き，さらに動詞の過去分詞をもってきます。この時，statoと過去分詞の語尾はともに主語の性・数によって語尾変化します。**ポイント**②で例として挙げたinvitareを近過去で活用すると，以下のようになります。

主語	活用形
□ io	sono stato (-a) invitato (-a)
□ tu	sei stato (-a) invitato (-a)
□ lui lei Lei	è stato (-a) invitato (-a)

主語	活用形
□ noi	siamo stati (-e) invitati (-e)
□ voi	siete stati (-e) invitati (-e)
□ loro Loro	sono stati (-e) invitati (-e)

直説法近過去における受動態の用法 331

能動態の直説法近過去で表わされた文章を，受動態に置き換えてみましょう。

□ La signora Neri mi ha invitato alla festa.
ネーリさんは私をパーティに招きました。

□ → **Sono stato invitato alla festa dalla signora Neri.**
私はネーリさんからパーティに招かれました。

□ Giuseppe ha composto questa bella canzone.
ジュゼッペがこの素敵なカンツォーネを作曲しました。

□ → **Questa bella canzone è stata composta da Giuseppe.**
この素敵なカンツォーネはジュゼッペによって作曲されました。

□ Il professor Bardi ha proposto questa ipotesi.
バルディ教授はこの仮説を提唱しました。

□ → **Questa ipotesi è stata proposta dal professor Bardi.**
この仮説はバルディ教授によって提唱されました。

＊composto ＜ comporre「作曲する」，proposto ＜ proporre「提唱する」。

🎧 332

▶声に出して言ってみよう②

イタリア語で言ってみてください。

1. このワインはモンテプルチャーノで製造されました（produrre > prodotto）。
2. この本は昨年，出版されました（pubblicare > pubblicato）。
3. このフレスコ画はあるフィレンツェの画家によって描かれました（dipingere > dipinto）。

★さらにコレ！

6 形容詞の相対比較級・相対最上級

🎧 333

「【名詞】は【形容詞】です」といった基本的な構文は第5章で学びましたが，これに比較の対象を加えて，「**【名詞A】は【名詞B】よりも【形容詞】です**」とか，「**【名詞】は～の中でもっとも【形容詞】です**」という文章を作りたい場合，形容詞を比較級や最上級の形にしなければいけません。比較級は原級の前に **più** をつけるだけですし，最上級はさらにその前に定冠詞を置けばOKです。例えば **bello**「美しい」を「より美しい」，「もっとも美しい」という意味にするには以下のようになります。

	原級	比較級	最上級
□	bello	più bello	il più bello

＊修飾する名詞によって形容詞の語尾は変わりますが，最上級の定冠詞もそれに合わせて変化します。

7 相対比較でよく用いられる形容詞

🎧 334

			↔			
□	**economico**	値段が安い	↔	□	**caro**	値段が高い
□	**nuovo**	新しい	↔	□	**vecchio**	古い
□	**giovane**	若い	↔	□	**anziano**	歳をとった
□	**alto**	高い	↔	□	**basso**	低い
□	**grande**	大きい	↔	□	**piccolo**	小さい
□	**lungo**	長い	↔	□	**corto**	短い
□	**largo**	広い	↔	□	**stretto**	狭い
□	**interessante**	興味深い	↔	□	**noioso**	退屈な

8 相対比較級・相対最上級の表現

335

形容詞の原級を用いた基本的な文章から相対比較級および相対最上級の表現へと展開してみましょう。

☐ Questa opera è bella.　この作品は素敵です。

☐ → **Questa opera è più bella di quella.**

この作品はあの作品よりも素敵です。《相対比較級》

☐ → **Questa opera è la più bella della Galleria degli Uffizi.**

この作品はウフィツィ美術館でもっとも素敵です。《相対最上級》

☐ Il monte Fuji è alto.　富士山は高いです。

☐ → **Il monte Fuji è più alto del monte Hakkoda.**

富士山は八甲田山よりも高いです。《相対比較級》

☐ → **Il monte Fuji è il più alto del Giappone.**

富士山は日本でもっとも高いです。《相対最上級》

☐ Questo ristorante è buono.　このレストランはおいしいです。

☐ → **Questo ristorante è migliore di quello.**

このレストランはあのレストランよりもおいしいです。《相対比較級》

☐ → **Questo ristorante è il migliore di questa città.**

このレストランはこの町でもっともおいしいです。《相対最上級》

＊ buono の比較級は migliore，最上級は il migliore をよく使います。

9 絶対最上級の表現

336

絶対最上級とは比較の対象がない場合です。「**とても～です**」と訳せ，形容詞だけでなく副詞に対しても適用することができます。原級の語尾母音を削除し，その代わりに -issimo を連結させます。

原級	絶対最上級
- o　-e	- issimo

			→			
□	**buono**	よい	→	□	**buonissimo**	とてもよい
□	**bello**	美しい	→	□	**bellissimo**	とても美しい
□	**caro**	高価な	→	□	**carissimo**	とても高価な
□	**prezioso**	貴重な	→	□	**preziosissimo**	とても貴重な
□	**importante**	重要な	→	□	**importantissimo**	とても重要な

□	Questa statua è importantissima.	この彫像はとても重要です。
□	Questi spaghetti sono buonissimi.	このスパゲッティはとてもおいしいです。
□	Quelle macchine sono carissime.	あれらの車はとても高価です。

337

▶声に出して言ってみよう③

イタリア語で言ってみてください。

1. きみ（女）はきみのお母さんより背が高いですか。
   — はい，私はより高いです。
2. きみの意見ではどちらのワインがよりおいしいですか。
   — このワインの方がおいしいです。
3. このクラスでは誰が（chi）いちばん背が高いですか。
   — マルコがいちばん背が高いです。
4. 日本でもっとも長い川は何ですか。
   — 信濃川がもっとも長いです。

338

★最後にコレ！

10 音声を聴いて答えよう！

以下のヒントをもとに音声の問いかけに答えてみてください。

1.	とてもよく見られている
2.	約 100 年前
3.	富士山

第25課　関係代名詞をマスターしよう！

★まずはコレ！

関係代名詞とは

ひとつの文章の中で用いられている**名詞**に関する情報を，別の文章でより詳細に説明したいときに関係代名詞を用います。この名詞のことを先行詞と呼び，関係代名詞に導かれる節を関係代名詞節と言います。

もっともよく使われる関係代名詞は **che** と **cui** ですが，どちらを用いるかは主に**先行詞と関係代名詞節内の動詞との関係**によって決まります。例えば以下のような一文があったとします。

□	Quella studentessa ha vinto la borsa di studio.	あの女子学生は奨学金を得ました。

この文章の studentessa を，che と cui を用いてより詳しく説明したい場合，以下のようになります。

□	(1)	Quella **studentessa** che **studia** l'arte rinascimentale ha vinto la borsa di studio.
		ルネサンス美術を研究しているあの女子学生は，奨学金を得ました。
□	(2)	Quella **studentessa** che **conosco** bene ha vinto la borsa di studio.
		私がよく知っているあの女子学生は，奨学金を得ました。
□	(3)	Quella **studentessa** a cui **insegno** filosofia greca ha vinto la borsa di studio.
		私がギリシア哲学を教えているあの女子学生は，奨学金を得ました。
□	(4)	Quella **studentessa** il cui **padre** è un famoso pittore ha vinto la borsa di studio.
		父親が有名な画家であるあの女子学生は，奨学金を得ました。

これらの用法の違いについて，順に説明していきましょう。

2 cheの用法（1）

340

ある文章の中に，**先行詞を主語**とする別の文章を挿入したい場合，関係代名詞はcheを用います。**ポイント**①の例文（1）で，先行詞のstudentessaが節内動詞studiareの主語となっていることを確認してください。同じ用法の例文を挙げておきましょう。

□	La mia **amica** che **abita** a Milano lavora in una ditta giapponese.	ミラノに住む私の友だち（女）は日本の会社に勤めています。
□	Il **professore** che ci **insegna** storia dell'arte studia la pittura fiorentina del Duecento.	私たちに美術史を教えている先生は，13世紀のフィレンツェ絵画を研究しています。
□	Il mio **collega** che **lavora** molto seriamente farà carriera.	とてもまじめに働いている私の同僚は出世するでしょう。
□	La **pittrice** che **aveva dipinto** questo quadro ha vinto un premio.	この絵を描いた画家（女）は賞を取りました。
□	Stasera vediamo insieme un **film** che **è stato** molto **apprezzato** in Francia.	今晩，フランスでとても賞賛された映画を一緒に見ましょう。

＊**duecento**は本来，「200」という意味ですが，**il Duecento**だと「1200年代」，すなわち「13世紀」という意味になります。

＊**carriera**は「キャリア，経歴」ですが，**fare carriera**で「出世する」となります。

＊**ditta**「会社」，**storia dell'arte**「美術史」，**pittura**「絵画，絵」，**seriamente**「まじめに，真剣に」，**apprezzare**「賞賛する，感心する」。

341

▶声に出して言ってみよう①

イタリア語で言ってみてください。

1. たくさん売れたあの本はとてもおもしろいですよ。
2. まもなく到着するバスに私たちは乗りましょう。
3. イタリア語をまじめに学んでいるあの女子学生は来年，イタリアへ行くでしょう。
4. これは日本でとてもよく見られたアニメです。

★次にコレ！

che の用法（2）

342

ある文章の中に，**先行詞を直接補語**とする別の文章を挿入したい場合，関係代名詞はやはり che を用います。**ポイント**①の例文（2）で，先行詞の studentessa が節内動詞 conoscere の直接補語となっていることを確認してください。同じ用法の例文を挙げておきましょう。

□	**Quello** che tu **dici** è proprio giusto.	きみが言っていることはまさに正しいです。
□	Le **scarpe** che **ho comprato** a Milano mi vanno un po' larghe.	私がミラノで買った靴は私にはちょっとゆるいです。
□	Prendiamo il **vino** rosso che ci **ha consigliato** quel cameriere.	あのウェーターが私たちに勧めてくれた赤ワインを取りましょう。
□	Vorrei prendere il **dolce** che **sta mangiando** quella signora.	私はあのご婦人が食べているケーキを注文したいのですが。
□	Il **portafoglio** che mi **avevano rubato** è stato trovato miracolosamente.	私が盗まれた財布が奇跡的に見つかりました。

＊**andare**［形容詞］**a**［人］で「～にとって…である」。
＊「～が盗まれる」は受動態では表さず，「（3人称複数の人が）～を盗む」と言います。**rubare** ～ **a**［人］で「［人］から～を盗む」。

343

▶声に出して言ってみよう②

イタリア語で言ってみてください。

1. 今晩，私たちが飲むワインはキャンティで製造されたものです。
2. 私たちが通っているイタリア文学の講座はとてもおもしろいです。
3. 私はナポリで食べたピザの名前を覚えて（ricordare）いません。
4. きみがフィレンツェで通っていた学校は何という名前ですか。

★さらにコレ！

4 cuiの用法（1）

344

ある文章内に挿入しようとする別の文章の動詞が先行詞の主語でも直接補語でもなく，**両者の間に前置詞が必要**な場合，その前置詞を関係代名詞 cui の前に置いて節を続けます。**ポイント**①の例文（3）で，先行詞の studentessa と節内動詞 insegnare の間に前置詞 a が必要であることを確認してください。同じ用法の例文を挙げておきましょう。

□	Il **dentista** da cui **vado** domani è bravissimo.	私が明日行く歯医者はとても優秀です。
□	Quel **cameriere** a cui **abbiamo ordinato** è molto simpatico.	私たちが注文したあのウェーターはとても感じがよいですね。
□	Questo è il **film** di cui vi **ho parlato** l'altro giorno.	これは私がきみたちに先日話した映画です。
□	Qual è il **museo** in cui si **possono vedere** le opere di Michelangelo ?	ミケランジェロの作品を見ることができる美術館はどこですか。
□	La **professoressa** con cui **ceniamo** stasera parla molto bene giapponese.	私たちが今晩，夕食を一緒に取る先生は日本語をとてもうまく話します。
□	Come si chiama il **monte** su cui **siete saliti** la settimana scorsa ?	きみたちが先週登った山は何という名前ですか。

＊上記の例文で重要なのは，動詞と名詞の間にどの前置詞が必要なのかを判断できることです。以下の言い方を覚えておくといいでしょう。
andare dal dentista「歯医者に行く」，**parlare del film**「映画について話す」，**salire sul monte**「山に登る」。

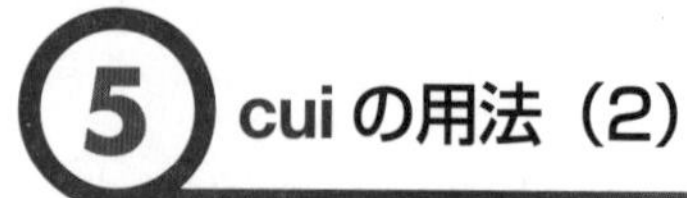

5 cuiの用法（2）

345

ある文章内に挿入しようとする別の文章が，**先行詞の所有する名詞**を含む場合，その名詞の前にそれに対応する**定冠詞**と関係代名詞 cui を置きます。**ポイント①**の例文（4）で，先行詞 studentessa と節内の名詞 padre との関係を確認してみてください。同じ用法の例文を挙げておきましょう。

□	Domani andiamo in un **museo** le cui **collezioni** sono meravigliose.	明日，そのコレクションが素晴らしい美術館に私たちは行きましょう。
□	La **ragazza** il cui **padre** è francese va spesso a Parigi.	父親がフランス人のその女の子は，しょっちゅうパリへ行っています。
□	Oggi parlo di un **pittore** le cui **opere** sono state poco valutate prima della morte.	今日はその作品が生前はあまり評価されなかった画家について（私は）話します。
□	La **vedova** i cui **figli** lavorano all'estero vive da sola.	子供が外国で働いているその未亡人はひとりで暮しています。

＊ **collezione**「コレクション」，**meraviglioso**「素晴らしい」，**valutare**「評価する」，**vedova**「未亡人」，**all'estero**「外国で」，**da solo**「独力で，ひとりで」。

346

▶声に出して言ってみよう③

イタリア語で言ってみてください。

1. 私がイタリア語を教えているその学生（男）はとてもまじめです。
2. これは私の両親が生まれた町です。
3. 私たちがしょっちゅう行くレストランは夜中の0時に閉まります。
4. 母が有名な女優であるその女子学生はとても美しいです。

★最後にコレ！

音声を聴いて答えよう！ 347

以下のヒントをもとに音声の問いかけに答えてみてください。

1.	日本文学を勉強しているイタリア人の若い女性
2.	郷土料理（piatti locali）が食べられるあるレストラン
3.	1990年に製造されたブルネッロ・ディ・モンタルチーノの赤ワイン

第26課　条件法現在・過去をマスターしよう！

★まずはコレ！

条件法とは

348

イタリア語の法に関しては，これまで直説法と命令法を学んできましたが，ここでは条件法について見ていきましょう。条件法とは，ある条件下における行動や状況を表す言い方です。わかりやすく言うと，「**もし～ならば，【主語】は【動詞】するでしょう**」の【動詞】を条件法で表すということです。

すでに16課でvolereの条件法現在1人称単数形であるvorreiの用法を見ましたが，その際に“Voglio　～”と言うと「私は～したい」と自身の願望がダイレクトに伝わってしまうので，日常会話ではそれをやわらげるために，“**Vorrei**　～”を使うと説明しました。この「私は～したいのですが」という表現には，「もし可能であるならば」という条件が省かれているのです。

□	Voglio vedere questo portafoglio.	私はこの財布を見たい。
□	Vorrei vedere questo portafoglio.	（もし可能であれば）私はこの財布を見たいのですが。

このvorreiは日常会話でも旅行会話でももっとも頻繁に使う条件法の表現ですが，ここでは他の動詞でも条件法を使えるようになることが目的です。条件法には現在と過去の2つの時制がありますが，まずは現在形から見ていきましょう。そのニュアンスは直説法現在や直説法未来と比較するとわかりやすいでしょう。

□	Lavoro a queste condizioni.	私はこの条件で働いています。
□	Lavorerò a queste condizioni.	私はこの条件で働くでしょう。
□	Lavorerei a queste condizioni.	私はこの条件であれば働くでしょう。

条件法現在は「**～するでしょう**」と訳すことができ，日本語にすると直説法未来と同じになり，イタリア語でも両者の活用はよく似ています。異なる点はそこに条件が加味されているか否かということです。

条件法現在の活用（1） 規則活用 349

条件法現在の活用の最大の特徴は，**語幹が直説法未来とまったく同じ**になるという点です。規則活用の場合は，23 課の**ポイント**②で示したように，語幹は -are 動詞と -ere 動詞が -e，-ire 動詞は -i になります。またすべての動詞に共通する活用語尾をもつという点でも共通しますが，それは **-rei**，**-resti**，**-rebbe**，**-remmo**，**-reste**，**-rebbero** となります。比較しやすいように 23 課で例として挙げた動詞，arrivare，prendere，partire で活用してみましょう。

	主語	活用語尾	**arrivare** 到着する	**prendere** 取る，注文する，乗る	**partire** 出発する
□	io	-rei	arriverei	prenderei	partirei
□	tu	-resti	arriveresti	prenderesti	partiresti
□	lui lei Lei	-rebbe	arriverebbe	prenderebbe	partirebbe
□	noi	-remmo	arriveremmo	prenderemmo	partiremmo
□	voi	-reste	arrivereste	prendereste	partireste
□	loro Loro	-rebbero	arriverebbero	prenderebbero	partirebbero

③ 条件法の文章と共によく使う句 350

条件法の文章における条件の部分ですが，それは句と節の 2 つのパターンに分けられます。あるいは先に示した vorrei の例のように省略されてしまう場合もあります。ここでは句のパターンで比較的よく用いられるものを挙げておきましょう。

□	**con un po' più di tempo libero**	もう少し自由な時間があれば
□	**con molti soldi**	たくさんのお金があれば
□	**con quel treno** [quell'aereo, quell'autobus]	あの電車［飛行機，バス］に乗れれば
□	**con il bel** [brutto] **tempo**	よい［悪い］天気ならば
□	**con la pioggia** [la neve, la nebbia]	雨［雪，霧］の状況ならば
□	**con il tuo aiuto**	きみの手助けがあれば
□	**senza di te**	きみがいなければ
□	**in queste condizioni**	この条件ならば
□	**al Suo posto**	（もし）あなたの立場であれば

4 条件法現在の用法（1）

351

□	Con l'autobus delle sette arriverei in tempo a lezione.	7時のバスに乗れれば，私は授業に間に合うでしょう。
□	Con un po' più di tempo libero mio padre studierebbe l'italiano volentieri.	もう少し自由な時間があれば，私の父は喜んでイタリア語を学ぶでしょう。
□	Al Suo posto non direi la verità al superiore.	あなたの立場であれば，私は上司に本当のことを話さないでしょう。
□	Con molti soldi, comprerei una nuova macchina che mi piace.	お金がたくさんあれば，私は気に入っている新車を買うでしょう。

＊ **arrivare in tempo a ～**「～に間に合う」，**superiore**「（男性の）上司」。

352

▶声に出して言ってみよう①

イタリア語で言ってみてください。

1. 明日，雨が降れば，私は家で本を読むでしょう。
2. あの先生（女）ならば，私はイタリア語をしっかり勉強するでしょう。
3. きみがいなければ，私は大学の授業がわからないでしょう。

★次にコレ！

5 条件法現在の活用（2） 不規則活用

353

直説法未来と同様，不規則活用といっても，規則的でないのは語幹の部分で活用語尾は変わりません。語幹も直説法未来と同じで4つのパターンに分けられます。essere は sa，fare, stare, dare は -a，andare, avere, vedere などは語尾母音が省略，venire, volere, rimanere などは語尾子音を省いてその代わりに r を置きます。やはりここでも比較しやすいように，23 課で挙げた動詞で活用してみましょう。

	主語	活用語尾	essere 〜である	fare する	andare 行く	venire 来る
□	io	-rei	sarei	farei	andrei	verrei
□	tu	-resti	saresti	faresti	andresti	verresti
□	lui lei Lei	-rebbe	sarebbe	farebbe	andrebbe	verrebbe
□	noi	-remmo	saremmo	faremmo	andremmo	verremmo
□	voi	-reste	sareste	fareste	andreste	verreste
□	loro Loro	-rebbero	sarebbero	farebbero	andrebbero	verrebbero

条件法現在の用法（2） 354

不規則活用の動詞を使った例文を挙げておきましょう。

□	Con il bel tempo andremmo in montagna questo fine settimana.	この週末，よい天気ならば，私たちは山へ行くでしょう。
□	Senza di te non potrei compiere questa impresa difficile.	きみがいなければ，私はこの難しい事業を成し遂げることはできないでしょう。
□	Con la nebbia non verrei da te in macchina.	霧が出たら，私はきみの所には車では行かないでしょう。

＊ compiere「成し遂げる，果たす」，impresa「事業」。

よく使う条件法現在の表現 355

もっともよく使う条件法の表現は先にも記したように **vorrei** ですが，加えて以下のような言い方も覚えておいたほうがいいでしょう。

(Lei) potrebbe【不定詞】〜？	〜していただけますか
mi piacerebbe【不定詞】	私は 〜できればいいのですが
sarei molto felice di【不定詞】	私は〜できればとてもうれしいのですが
sarebbe meglio【不定詞】	〜する方がいいのではないでしょうか

＊sarebbe meglio の意味上の主語は通常，話している相手になります。もしそれ以外の場合，つまり「○○さんは〜する方がいいのではないでしょうか」と言いたい場合は，per【人】を加えます。

□	Potrebbe rispondere alla domanda?	質問に答えていただけますか。
□	Mi piacerebbe suonare il piano.	私はピアノが弾ければいいのですが。
□	Sarei molto felice di vederti a Roma.	ローマできみに会えれば私はとてもうれしいのですが。
□	Sarebbe meglio smettere di fumare.	タバコをやめた方がいいのではないでしょうか。

＊ **smettere di**［不定詞］「～することをやめる」。

356

▶声に出して言ってみよう②

イタリア語で言ってみてください。

1. 雨が降れば，私は一日中，家にとどまるでしょう。
2. 明日の夜，ここに来ていただけますか。
3. 私はトスカーナ州の田舎（campagna）で生活できればいいのですが。
4. すぐに家に帰った方がいいのではないでしょうか。

★さらにコレ！

8 条件法過去とは

357

ある条件のもとで，取ったであろう行動や状況を表すには条件法過去を用います。つまり，「**もし～ならば，【主語】は【動詞】したでしょう**」の【動詞】は条件法過去になります。volere を例に条件法現在との違いを示してみましょう。

□	条件法現在：	Vorrei visitare la Galleria degli Uffizi. 私はウフィツィ美術館を訪れたいのですが。
□	条件法過去：	Avrei voluto visitare la Galleria degli Uffizi. 私はウフィツィ美術館を訪れたかったのですが。

また，同じ複合時制の直説法近過去ないしは先立未来と比較すると，そのニュアンスの違いは，以下のようになります。

□	Mia madre ha fatto spese a Milano.	私の母はミラノでショッピングをしました。
□	Mia madre avrà fatto spese a Milano.	私の母はミラノでショッピングをしたのではないでしょうか。

□ Mia madre avrebbe fatto spese a Milano.	(もし…であったのならば) 私の母はミラノでショッピングをしたでしょうに。

9 条件法過去の活用

358

条件法過去は直説法近過去や直説法先立未来と同様，助動詞 avere ないしは essere を取る**複合時制**です。23 課の先立未来と比較しやすいように，その際に挙げた動詞 parlare と andare を条件法過去で活用してみましょう。

主語	**parlare** 話す，話せる	**andare** 行く
□ io	avrei parlato	sarei andato (-a)
□ tu	avresti parlato	saresti andato (-a)
□ lui lei Lei	avrebbe parlato	sarebbe andato (-a)
□ noi	avremmo parlato	saremmo andati (-e)
□ voi	avreste parlato	sareste andati (-e)
□ loro Loro	avrebbero parlato	sarebbero andati(-e)

10 条件法過去の用法（1）

ポイント③で挙げた句の表現は条件法過去においても有効です。また vorrei および**ポイント**⑦で挙げた表現を条件法過去にすると，以下のようになります。

avrei voluto【不定詞】	私は～したかったのですが
sarei voluto (-a)【不定詞】	私は～したかったのですが
avrei voluto【名詞】	私は～を欲しかったのですが
mi sarebbe piaciuto【不定詞】	私は～できればよかったのですが
sarei stato (-a) molto felice di【不定詞】	私は～できればとてもうれしかったのですが
sarebbe stato meglio【不定詞】	～する方がよかったのではないでしょうか

□	Con un po' più di tempo libero saremmo andati anche a Pisa.	もう少し自由な時間があれば，私たちはピサにも行ったのですが。
□	Con il tuo aiuto avrei potuto finire i compiti.	きみの助けがあれば，私は宿題を終わらせることができたのですが。
□	Avrei voluto controllare la situazione.	私は状況を統制したかったのですが。
□	Mi sarei voluta laureare questa primavera.	私（女）はこの春に大学を卒業したかったのですが。
□	Sarebbe stato meglio salutare quel signore.	あの男性にあいさつした方がよかったのではないでしょうか。

＊ **salutare**「〜にあいさつする」は他動詞なので前置詞を必要としないことに注意。

▶声に出して言ってみよう③

イタリア語で言ってみてください。

1. 私はミラノでレオナルドの《最後の晩餐》（l' "Ultima Cena"）を見たかったのですが。
2. 私（女）はアッシジのサン・フランチェスコ聖堂に行きたかったのですが。
3. たくさんお金があれば，田舎に別荘を買ったのですが。

★余裕があれば！

11 条件法過去の用法（2）

条件法過去は過去における未来を表す際にも用いられます。例えば，以下のような例を挙げることができます。

□	Dicevi sempre che tuo figlio sarebbe diventato famoso in futuro.	きみは自分の息子が将来，有名になるだろうと常に言っていましたね。
□	Marco mi ha detto che sarebbe tornato al suo paese in questi giorni.	マルコは近日中に自分の故郷に戻るだろうと私に言いました。
□	Mi hai detto che il tuo amico avrebbe rispettato la promessa.	きみはきみの友だちが約束を守るだろうと私に言いましたよ。

＊ **diventare**「〜になる」，**rispettare la promessa**「約束を守る」。

362

▶声に出して言ってみよう④

イタリア語で言ってみてください。

1. きみはパオロがヴェネツィアで道に迷う（perdersi）だろうと私に言いましたよ。
2. 私はマリーアがお金持ち（ricco）になるだろうときみにいつも言っていましたよ。
3. 先生は私がその賞を取るだろうと私に言いました。

★最後にコレ！

音声を聴いて答えよう！

363

以下のヒントをもとに音声の問いかけに答えてみてください。

1.	多くの美術館と多くの教会を訪問したい
2.	ルネサンスの傑作
3.	大好き　　　できればフィレンツェで美術史を勉強したい

第27課　接続法現在・過去をマスターしよう！

★まずはコレ！

接続法とは

364

接続法は原則，客観的な事象ではなく**主観的な考え**や**明確ではないこと**を表す際に用いられます。そのため，直説法，条件法，命令法とは異なり，接続詞に導かれた従属節において使われるのが一般的です。もし単文で用いられていたとすれば，それは主節が省略されていると考えていいでしょう。具体的に以下の２つの文章を比較してみましょう。

□	Maria è sposata.	マリーアは結婚しています。《直説法現在》
□	Penso che Maria sia sposata.	マリーアは結婚していると私は思います。《接続法現在》

直説法現在で表された上の文章では，客観的な事実を述べています。この事柄が定かではない場合，**forse**「たぶん」や **probabilmente**「おそらく」などの副詞を加えたり，動詞を未来形の **sarà** にすれば，直説法で表すことも可能です。ですが，上記で用いた **pensare che**「〜と思う」や **è possibile che**「〜かもしれない」を使うこともできます。その際，従属節内の動詞は接続法になります。接続法を導く主節は他にも色々ありますが，まずは **pensare che ＋【接続法】**という形を身につけるようにしましょう。

接続法の４つの時制

365

接続法には現在，過去，半過去，大過去の４つの時制があります。それぞれの使い分けに関しては，以下の基本パターンをおさえておくといいでしょう。

主節	従属節
直説法現在・未来	接続法現在 接続法過去
直説法近過去・半過去・遠過去	接続法半過去 接続法大過去

例外もあるのですが，接続法現在と過去は主節が直説法現在か未来のとき，接続法半過去と大過去は主節が過去時制のときに用いられます。具体的に例を挙げると次のようになります。

□	現在：	Penso che Marco superi quell’esame.	マルコはあの試験に合格すると私は思います。
□	過去：	Penso che Marco abbia superato quell’esame.	マルコはあの試験に合格したと私は思います。
□	半過去：	Pensavo che Marco superasse quell’esame.	マルコはあの試験に合格すると私は思っていました。
□	大過去：	Pensavo che Marco avesse superato quell’esame.	マルコはあの試験に合格したと私は思っていました。

3 接続法現在の活用（1） 規則活用

366

接続法現在の活用は規則的なものと不規則なものに分けられますが，すべての動詞に共通する特徴は以下の4点です。

① 単数人称の活用形はすべて同じ形
② 3人称複数の活用形は①の語尾に **-no** をつける
③ 1人称複数の活用形は直説法現在と同じ形
④ 2人称複数の活用形は語幹に **-iate** をつける

したがって①の単数人称の活用形さえおさえられれば，あとはすぐに覚えられるはずです。規則活用する動詞では，この基本形は -are 動詞は -i，-ere 動詞と -ire 動詞は -a，-ire 動詞（イスコ型）は -isca となります。

	主語	lavorare 働く	prendere 取る，注文する，乗る	dormire 寝る	capire 理解する
□	io	lavori	prenda	dorma	capisca
□	tu	lavori	prenda	dorma	capisca
□	lui lei Lei	lavori	prenda	dorma	capisca
□	noi	lavoriamo	prendiamo	dormiamo	capiamo
□	voi	lavoriate	prendiate	dormiate	capiate
□	loro Loro	lavorino	prendano	dormano	capiscano

4 接続法現在の用法（1）

まずは直説法現在で表された文章に **penso che** を加えて，「～と私は思う」という表現ができるようになりましょう。

□ Francesco lavora in una ditta americana.
□ → **Penso che Francesco lavori in una ditta americana.**
フランチェスコはアメリカの会社で働いていると思います。

□ Il mio amico prende l'aereo per Parigi domani sera.
□ → **Penso che il mio amico prenda l'aereo per Parigi domani sera.**
私の友だちは明晩，パリ行きの飛行機に乗ると思います。

□ La padrona di questo appartamento non dorme bene in questi giorni.
□ → **Penso che la padrona di questo appartamento non dorma bene in questi giorni.**
このアパートの大家さん（女）はここ数日，よく眠れていないと思います。

□ I miei studenti capiscono bene la lezione.
□ → **Penso che i miei studenti capiscano bene la lezione.**
私の学生たちは授業をしっかりと理解していると思います。

＊ padrona は「(女性の) 大家さん」，男性であれば padrone になります。

368

▶声に出して言ってみよう①

イタリア語で言ってみてください。

1. あの電車は20分遅れで（con venti minuti di ritardo）到着すると私は思います。
2. 学生たちはおしゃべりしすぎだと私は思います。
3. あの男性は明晩，私たちに夕食をご馳走してくれると私は思います。
4. マリーアは自分の部屋をとてもきちんと掃除していると私は思います。

★次にコレ！

5 接続法現在の活用（2） 不規則活用

369

不規則に活用するといっても，**ポイント③**で挙げた4原則は変わりません。したがって規則活用する動詞同様，まずは単数人称の活用形を覚えましょう。その際に，以下のふたつのパターンを知っておくと便利です。

［パターンA］ 直説法現在1人称単数の活用形の語尾を -o から -a に変える

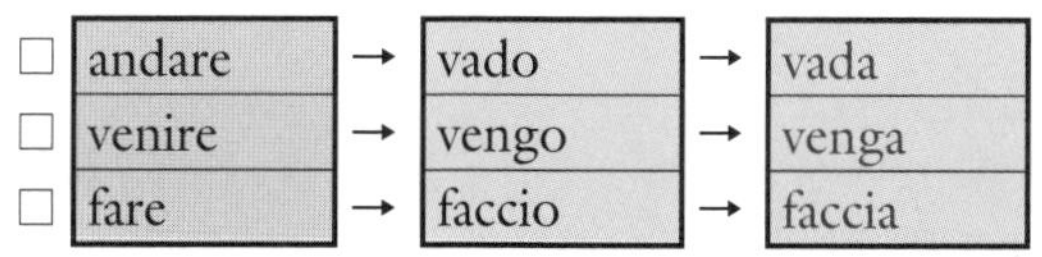

□ andare	→	vado	→	vada
□ venire	→	vengo	→	venga
□ fare	→	faccio	→	faccia

＊uscire (esca), dire (dica), bere (beva), tenere (tenga), salire (salga), scegliere (scelga), potere (possa), dovere (deva, debba), volere (voglia) など

［パターンB］ 直説法現在1人称複数の活用形の語尾を -iamo から -ia に変える

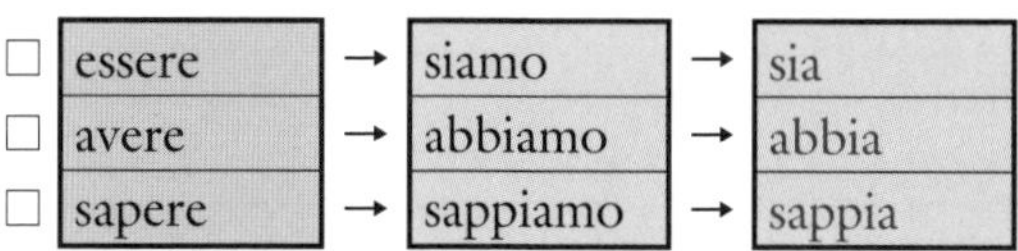

□ essere	→	siamo	→	sia
□ avere	→	abbiamo	→	abbia
□ sapere	→	sappiamo	→	sappia

＊dare (dia), stare (stia) など

主語	**avere** 持つ	**essere** ～である	**andare** 行く	**sapere** ～できる【能力】
□ io	abbia	sia	vada	sappia
□ tu	abbia	sia	vada	sappia
□ lui lei Lei	abbia	sia	vada	sappia
□ noi	abbiamo	siamo	andiamo	sappiamo
□ voi	abbiate	siate	andiate	sappiate
□ loro Loro	abbiano	siano	vadano	sappiano

6 接続法を取る主節（1）

従属節の動詞が接続法になる主節の代表的なものを挙げておきましょう。

pensare che	～と思う
credere che	～と思う，～と信じる
sperare che	～ことを望む
non sapere se	～かどうかわからない，～かどうか知らない
non essere sicuro che	～ことに確信をもてない

7 接続法の用法（2）

370

まずは**ポイント**⑥で挙げた主節の主語を「私」で言えるようにしましょう。そして慣れてきたら，徐々に主節の主語を変えて言ってみてください。

□	Credo che Giovanni venga da Genova.	ジョヴァンニはジェノヴァ出身だと私は思います。
□	Spero che quel treno arrivi a Firenze in tempo.	あの電車が定刻にフィレンツェに到着することを私は望んでいます。
□	Non so se quella biblioteca sia aperta anche nei giorni festivi.	あの図書館が休日も開いているかどうか私は知りません。
□	Non sono sicura che Paolo sappia guidare la macchina.	パオロが車を運転することができるのかどうか私（女）は確信をもてません。

371

▶声に出して言ってみよう②

イタリア語で言ってみてください。

1. あの男性はとても感じが悪いと私の妻は思っています。
2. 私の息子は私に真実を言っていると私は信じています。
3. 明日，よい天気であることを私たちは望んでいます。
4. あの学生（女）が今日，授業に来るのかどうか私は知りません。

★さらにコレ！

接続法過去とは

ポイント②で説明したように，直説法現在ないしは未来で表された主節に対して，従属節でそれ以前に生じた事象を表したいときに接続法過去を用います。わかりやすく言うと，直説法近過去で表された文章の前に **pensare che** などを置いてその事象の客観性やあいまいさを表そうとした場合，従属節内の動詞は接続法過去になるということです。

□	La mia amica ha vinto quel premio.　私の友だちはその賞を取りました。
□	→ **Penso che la mia amica abbia vinto quel premio.**
	私の友だち（女）がその賞を取ったと私は思います。
□	Quel famoso cantante è nato a Napoli.　あの有名な歌手はナポリで生まれました。
□	→ **Penso che quel famoso cantante sia nato a Napoli.**
	あの有名な歌手はナポリで生まれたのだと私は思います。

接続法過去の活用

直説法近過去の活用における**助動詞の部分を接続法現在に**変更すれば，接続法過去の活用になります。比較しやすいように 19 課の直説法近過去の活用表で取り上げた動詞，parlare と andare を接続法過去で活用してみましょう。

	主語	parlare 話す，話せる	andare 行く
□	io	abbia parlato	sia andato (-a)
□	tu	abbia parlato	sia andato (-a)
□	lui lei Lei	abbia parlato	sia andato (-a)
□	noi	abbiamo parlato	siamo andati (-e)
□	voi	abbiate parlato	siate andati (-e)
□	loro Loro	abbiano parlato	siano andati (-e)

10 接続法を取る主節（2）

ポイント⑥で紹介した表現とは異なり，主語が che に導かれる従属節を表す非人称になる言い回しです。この場合，3 人称単数扱いになるので，直説法現在であれば（　）内のようになります。

essere possibile che (è possibile che)	〜ということはありうる
essere impossibile che (è impossibile che)	〜ということはありえない
essere probabile che (è probabile che)	おそらく〜であろう
potere darsi che (può darsi che)	〜かもしれない

11 接続法過去の用法

374

ポイント⑩の言い回しを用いた例文を挙げておきましょう。

□	È possibile che la mia collega sia già partita per Londra.	私の同僚（女）はすでにロンドンへ発ったかもしれません。
□	È impossibile che Marco sia stato bocciato a quell'esame.	マルコがあの試験に落ちたなんてありえません。
□	È probabile che il mio compagno abbia avuto un incidente.	私の仲間はおそらく事故に遭遇したのでしょう。
□	Può darsi che Giovanni si sia laureato in letteratura giapponese.	ジョヴァンニは日本文学で学位を取得したのかもしれません。

＊ **bocciare**「落とす，落第させる」，**avere un incidente**「事故に遭う」。

375

▶声に出して言ってみよう③

イタリア語で言ってみてください。

1. マルコは彼の両親に花束（mazzo di fiori）をプレゼントしたと私は思います。
2. マリーアは今朝，早く起きたと私は思います。
3. あの男の子たちはすでに家に帰ったのかもしれません。
4. あの学生（男）はあの試験に合格したのかもしれません。

★最後にコレ！

音声を聴いて答えよう！

376

以下のヒントをもとに音声の問いかけに答えてみてください。

1.	いいえ	私の（女性の）友だちのだと思う
2.	いいえ	彼女は大阪出身だと思う
3.	いいえ	彼女は道に迷ったのだと思う

第28課　接続法半過去・大過去をマスターしよう！

★まずはコレ！

接続法半過去とは　377

27課の**ポイント**②で説明したように，接続法半過去は基本的に，主節が過去時制のときに従属節内で用いられます。直説法現在，接続法現在，直説法半過去との違いを例文で把握しましょう。接続法半過去を用いると，実際にはそのようではなかったというニュアンスになることが多いです。

□ 直説法現在：	Francesco vive nel centro della città.	フランチェスコは町の中心街で生活しています。
□ 接続法現在：	Penso che Francesco viva nel centro della città.	フランチェスコは町の中心街で生活していると私は思います。
□ 直説法半過去：	Francesco viveva nel centro della città.	フランチェスコは町の中心街で生活していました。
□ 接続法半過去：	Pensavo che Francesco vivesse nel centro della città.	フランチェスコは町の中心街で生活していると私は思っていました。

接続法半過去の活用（1）　規則活用　378

接続法半過去では，すべての動詞が共通の活用語尾（**-ssi**，**-ssi**，**-sse**，**-ssimo**，**-ste**，**-ssero**）を取るので，まずはそれを覚えることが大切です。規則活用する動詞では，語幹が -are 動詞は -a，-ere 動詞は -e，-ire 動詞は -i となります。

	主語	活用語尾	**lavorare** 働く	**scrivere** 書く	**dormire** 寝る
□	io	-ssi	lavorassi	scrivessi	dormissi
□	tu	-ssi	lavorassi	scrivessi	dormissi
□	lui lei Lei	-sse	lavorasse	scrivesse	dormisse
□	noi	-ssimo	lavorassimo	scrivessimo	dormissimo
□	voi	-ste	lavoraste	scriveste	dormiste
□	loro Loro	-ssero	lavorassero	scrivessero	dormissero

3 接続法半過去の用法（1）

379

まずは，**「私は～と思っていました」「私は～と望んでいました」**などの表現が言えるようになりましましょう。

□	Pensavo che Marco tornasse in Italia in marzo.	マルコは３月にイタリアへ帰国すると私は思っていました。
□	Credevo che i miei amici salissero sul monte Vesuvio questa estate.	私の友人たちは今夏，ヴェスヴィオ山に登ると私は思っていました。
□	Speravo che Lorenzo e Anna si sposassero questa primavera.	ロレンツォとアンナが今春，結婚することを私は望んでいました。
□	Non sapevo se il mio collega capisse la situazione.	私の同僚（男）がこの状況を理解しているのかどうか私はわかりませんでした。

＊ **sposarsi**「結婚する」。

380

▶声に出して言ってみよう①

イタリア語で言ってみてください。

1. パオロは和食レストランで働いていると私は思っていました。
2. あのチーム（squadra）が試合に勝つことを私は望んでいました。
3. 山では天気が変わる（cambiare）かもしれませんでした。

★次にコレ！

4 接続法半過去の活用（2） 不規則活用

381

すでに指摘したように接続法半過去では活用語尾はすべて同一なので，不規則に活用する部分は語幹のみです。

	主語	**essere** ～である	**fare** する	**dare** 与える	**stare** いる，～の状態である
□	io	fossi	facessi	dessi	stessi
□	tu	fossi	facessi	dessi	stessi
□	lui lei Lei	fosse	facesse	desse	stesse
□	noi	fossimo	facessimo	dessimo	stessimo
□	voi	foste	faceste	deste	steste
□	loro Loro	fossero	facessero	dessero	stessero

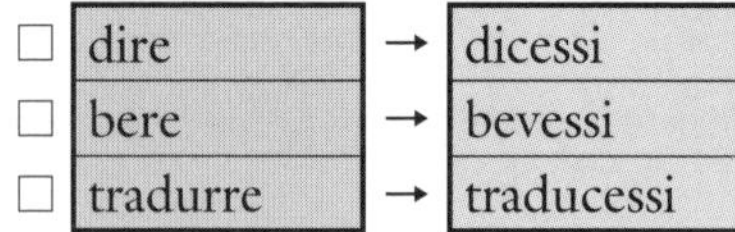

□	dire	→	dicessi
□	bere	→	bevessi
□	tradurre	→	traducessi

＊この１人称単数形をおさえておけば，他の人称でも活用できるはずです。

5 接続法を取る主節（3）

27 課の**ポイント⑥**と**ポイント⑩**に続いて，従属節内の動詞が接続法になる主節を挙げておきましょう。

sospettare che	～ということを疑う
dubitare che	～ということを疑う
supporre che	～ということを仮定する

さらに非人称が主語になる形としては，次のようなものがあります。

sembrare che	～のように見える，～のように思える
parere che	～のように見える，～のように思える
essere necessario che	～ことは必要である
essere inutile che	～ことは無駄である

6 接続法半過去の用法（2）

382

接続法半過去で不規則活用する動詞を用いた例文を見てみましょう。

□	Speravo che al Teatro alla Scala dessero un'opera lirica di Verdi.	スカラ座でヴェルディのオペラをやっていることを私は望んでいました。
□	Dubitavo che quel sindaco dicesse la verità.	あの市長が真実を言っているかどうか私は疑っていました。
□	Mi sembrava che quel signore facesse il medico.	あの男性は医者であるように私には思えました。
□	Ti pareva che quel commerciante fosse onesto ?	あの商人が正直であるようにきみには見えたのですか。

＊ commerciante「商人」，onesto「誠実な，正直な」。

▶声に出して言ってみよう②

イタリア語で言ってみてください。

1. 私の祖父母（i miei nonni）が元気であることを私は望んでいました。
2. あの地域はとても危険（pericoloso）であるように私には思えました。
3. あの男性が商人であることを私は疑っていました。

★さらにコレ！

7 接続法大過去とは

384

接続法を取る主節が過去時制のときに，それよりもさらに前に起きたことを表したいときに接続法大過去を用います。例文で直説法近過去との違いを把握してください。

□	直説法近過去：	Il direttore ha guadagnato molti soldi in quell'occasione.	社長はあの機会に大金を稼ぎました。
□	接続法大過去：	Pensavo che il direttore avesse guadagnato molti soldi in quell'occasione.	社長はあの機会に大金を稼いだのだと私は思っていました。

＊ **guadagnare**「稼ぐ，もうける」，**soldo**「お金」，**occasione**「機会，チャンス，好機」。

接続法大過去の活用

直説法近過去の活用における助動詞 avere ないしは essere を接続法半過去で活用すれば，接続法大過去の活用になります。

	主語	**parlare** 話す，話せる	**andare** 行く
□	io	avessi parlato	fossi andato (-a)
□	tu	avessi parlato	fossi andato (-a)
□	lui lei Lei	avesse parlato	fosse andato (-a)
□	noi	avessimo parlato	fossimo andati (-e)
□	voi	aveste parlato	foste andati (-e)
□	loro Loro	avessero parlato	fossero andati (-e)

接続法大過去の用法

□	Pensavo che quell'attrice fosse diventata molto ricca.	あの女優はとてもお金持ちになったのだと私は思っていました。
□	In quel momento non sapevo se Marco avesse comprato una nuova macchina.	あの時点では，マルコが新車を購入したのかどうか私はわかりませんでした。
□	Dubitavo che Filippo avesse dipinto quel quadro.	フィリッポがあの絵を描いたことを私は疑っていました。
□	Era inutile che mi fossi sforzato di scrivere quell'articolo.	私が努力してあの論文を書いたことは無駄でした。

＊ **in quel momento**「あの時点では」，**sforzarsi**「努力する」，**articolo**「論文」。

10 「〜だけれども」の表現

🎧 387

以下の 3 つの接続詞に導かれる節はいずれも，**「〜だけれども」「〜にもかかわらず」**という意味になりますが，その節内動詞は接続法を取ります。

□ **benché**　□ **sebbene**　□ **nonostante (che)**

＊近年では **nonostante** に続く **che** は省かれる傾向にあります。

□	Ho deciso di studiare storia italiana benché non sia stato mai in Italia.	私はイタリアには行ったことがなかったけれども，イタリア史を学ぶことを決めました。
□	Abbiamo nuotato al mare sebbene facesse un po' freddo.	少し寒かったけれども私たちは海で泳ぎました。
□	Vado a Roma a studiare l'italiano nonostante (che) non abbia soldi sufficienti.	私は十分なお金はないけれども，イタリア語を学びにローマに行ってきます。

🎧 388

▶声に出して言ってみよう③

イタリア語で言ってみてください。

1. きみは日本で大学を卒業したのだと私は思っていました。
2. あの本はすでに出版されたものだと私は思っていました。
3. 雨が強く降っていたけれども，私たちはサッカーをしました。

★最後にコレ！

11 音声を聴いて答えよう！

🎧 389

以下のヒントをもとに音声の問いかけに答えてみてください。

1.	本当なの（Davvero ?）　ヴェネツィア人だと思っていた
2.	冗談でしょ（Dici sul serio ?）　結婚することを望んでいたのに
3.	はい　悪天候ではあったけど

第29課 仮定文をマスターしよう！

★まずはコレ！

1 仮定文

仮定文は日常生活でしばしば使われるのですが，条件法と接続法を用いることが多いため，文法的にはかなり高度な表現と言えるでしょう。その構文は，条件を設定する条件節と結果を表す帰結節からなります。

仮定文はその実現性によって，主に以下の４つに分けられ，それぞれの条件節と帰結節に用いる法や時制は異なります。

(1)	条件が満たされるときに，ある行為がほぼ確実になされるケース 「もし～するならば，～します」
(2)	条件が満たされるときに，ある行為がなされるであろうケース 条件そのものがありえないケース 「もし～するならば，～するでしょう」
(3)	条件が満たされたときに，ある行為がなされるであろうケース 「もし～したならば，～するでしょう」
(4)	条件が満たされたときに，ある行為がなされたであろうケース 「もし～したならば，～したでしょう」

それぞれの用法について順番に見ていきましょう。

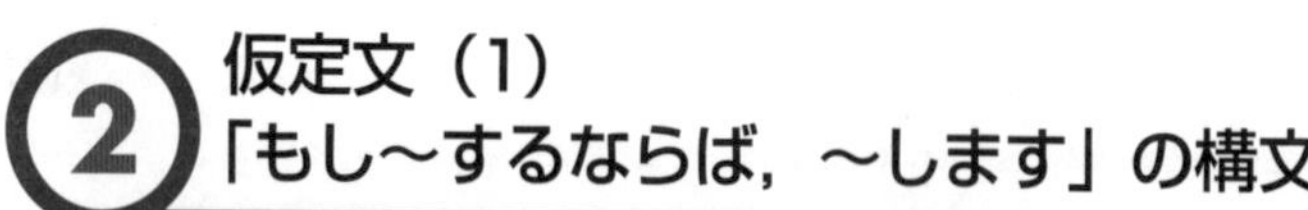

2 仮定文（1）「もし～するならば，～します」の構文

390

条件が満たされるときに，ある行為がほぼ確実になされるケースでは，条件節も帰結節も直説法現在［未来］が用いられます。

Se ［直説法現在〔未来〕］，［直説法現在〔未来〕］

□	Se fa caldo domani, andiamo in piscina.	もし明日，暑ければ，私たちはプールに行きます。
□	Se piove domenica, la gita scolastica è rinviata alla settimana prossima.	もし日曜日，雨が降れば，学校の遠足は翌週に延期されます。
□	Se parli più lentamente, ti capisco meglio.	もしきみがもっとゆっくり話すならば，私はきみの言っていることをよりよく理解できます。

＊ **gita scolastica**「学校の遠足」，**rinviare**「延期する」。

3 仮定文（2）「もし～するならば，～するでしょう」の構文

391

条件が満たされるときに，ある行為がなされるであろうというケースでは，条件節は接続法半過去，帰結節は条件法現在が用いられます。条件そのものが現実とは異なっていたり，ありえないケースでも同様です。

Se ［接続法半過去］，［条件法現在］

□	Se io fossi medico, andrei in Africa a guarire bambini malati.	もし私が医者であれば，病気の子供たちを治療するためにアフリカへ行くでしょう。
□	Se io avessi molti soldi, vorrei comprare una villa in campagna.	もし私がお金持ちであれば，田舎に別荘を買いたいのですが。
□	Se tu studiassi seriamente l'italiano, potresti prendere buoni voti agli esami.	もしきみがイタリア語をまじめに勉強するなら，試験でよい点数を取れるでしょう。

＊ **guarire**「治療する」，**malato**「病気の」，**prendere buoni voti**「よい点数を取る」。

392

▶声に出して言ってみよう①

イタリア語で言ってみてください。

1. もしきみたちが結婚するならば，私はとてもうれしいです。
2. もし私（男）がとても裕福であれば，世界（mondo）中を旅行するでしょう。
3. もしきみが日本語を理解するなら，きみにこの本をプレゼントできるのですが。

★次にコレ！

4 仮定文 (3)「もし〜したならば，〜するでしょう」の構文

393

　条件が満たされたときに，ある行為がなされるであろうというケースでは，条件節は接続法大過去，帰結節は条件法現在が用いられます。

Se ［接続法大過去］，［条件法現在］

☐	Se aveste tenuto un diario in italiano ogni giorno, sapreste scrivere meglio in italiano.	もしきみたちがイタリア語で毎日，日記をつけていたならば，もっと上手にイタリア語が書けるでしょうに。
☐	Se Maria non fosse andata in Giappone, adesso non farebbe quel lavoro.	もしマリーアが日本に行っていなかったら，彼女は今，その仕事をしていないでしょう。
☐	Se io non avessi portato il vocabolario dal Giappone, avrei difficoltà qui.	もし私が日本から辞書を持ってこなかったならば，ここで困っているでしょう。

＊ **vocabolario**「辞典，辞書」，**avere difficoltà**「困っている」。

5 「まるで〜のように」の構文

394

「まるで〜するように」と言いたいときは，come se で導かれる節内の動詞を［接続法半過去］にします。一方，**「まるで〜したかのように」**の場合は，同節内の動詞を［接続法大過去］にします。

come se ［接続法半過去〔大過去〕］

☐	Paolo si comporta come se fosse il direttore di quella ditta.	パオロはまるであの会社の社長のようにふるまっています。
☐	I miei compagni di classe giocano sulla spiaggia come se fossero bambini.	私のクラスメートはまるで子供のように砂浜で遊んでいます。
☐	Giovanni parla perfettamente giapponese come se fosse nato in Giappone.	ジョヴァンニはまるで日本で生まれたかのように完璧に日本語を話します。

＊ **spiaggia**「砂浜」，**perfettamente**「完璧に」。

395

▶声に出して言ってみよう②

イタリア語で言ってみてください。

1. もしきみがイタリア人の恋人（男）を見つけていたら，もっとうまくイタリア語が話せているでしょう。
2. もし私がその映画を見ていたならば，きみに自分の意見を言えるのですが。
3. きみはまるでナポリ人のようにイタリア語を話すね。

★さらにコレ！

6 仮定文（4）「もし～したならば，～したでしょう」の構文

396

条件が満たされていたならば，ある行為がなされたであろうというケースでは，条件節は接続法大過去，帰結節は条件法過去が用いられます。

Se ［接続法大過去］，［条件法過去］

□	Se non avessimo avuto un incidente per strada, avremmo potuto prendere quel rapido.	もし私たちが道路で事故に遭遇していなかったならば，あの特急に乗れたでしょう。
□	Se tu mi avessi telefonato, non mi sarei arrabbiato come un cane.	もしきみが私に電話をしていたならば，私は激怒していなかったでしょう。
□	Se tu fossi venuto da me ieri sera, avrei potuto presentarti mia sorella.	もしきみが昨晩，私のところに来ていたならば，私はきみに妹を紹介できたのですが。
□	Se io fossi stato più attento, non mi avrebbero rubato il passaporto.	もし私がもう少し注意していたなら，私はパスポートを盗まれなかったでしょう。

＊**rapido**「特急」，**arrabbiarsi come un cane**「激怒する」，**presentare**「紹介する」，**stare attento**「注意する，用心する」。

397

▶声に出して言ってみよう③

イタリア語で言ってみてください。

1. もしあの先生と知り合わなかったならば，私（男）はローマに行かなかったでしょう。
2. もし学生たちが宿題をしていなかったならば，先生は怒っていたでしょう。
3. もしパオロがうまくプレーしていたならば，私たちのチームは試合に勝ったでしょう。

★最後にコレ！

7 音声を聴いて答えよう！

398

以下のヒントをもとに音声の問いかけに答えてみてください。

1.	フィレンツェでイタリア語の学校に通いたい
2.	フィレンツェ風ステーキ
3.	世界旅行をしてみたい

フィレンツェの市政の中心，ヴェッキオ宮殿とシニョリーア広場。
どの季節でも世界中から集まる観光客であふれている。

第30課 直説法遠過去と前過去をマスターしよう！

★まずはコレ！

直説法遠過去とは

直説法近過去が現在となんらかのつながりをもつ過去を表すのに対し，直説法遠過去は現在とはほとんど関連性がない過去の出来事を表現したいときに用います。南イタリアの一部では，近過去の代わりとして用いる地域もありますが，基本的には日常会話ではあまり使われません。

しかしながら小説や歴史書では遠過去を用いた表現は頻繁に見られるので，この先，イタリア語で書かれた文章を読みたいと思っている方はその活用形をしっかりと覚えてください。それは規則的に活用するものと不規則に活用するものに分けられます。

直説法遠過去の活用（1） 規則活用

399

規則活用する動詞の語尾は共通で，io **-i**，tu **-sti**，noi **-mmo**，voi **-ste**，loro **-rono** です。ただし 3 人称単数が主語になる場合は，-are 動詞では **-ò**，-ere 動詞は **-è**，-ire 動詞は **-ì** になります。また，-ere 動詞は，io -etti，lui -ette，loro -ettero という活用もします。語幹は -are 動詞は **-a**，-ere 動詞は **-e**，-ire 動詞は **-i** になります。覚えにくいかもしれませんが，主語は 3 人称であることが多いので，まずはその活用形から覚えていきましょう。

	主語	活用語尾	**andare** 行く	**ricevere** 受け取る	**partire** 出発する
□	io	-i	andai	ricevei (ricevetti)	partii
□	tu	-sti	andasti	ricevesti	partisti
□	lui lei Lei	-ò, -é, -ì	andò	ricevé (ricevette)	partì
□	noi	-mmo	andammo	ricevemmo	partimmo
□	voi	-ste	andaste	riceveste	partiste
□	loro Loro	-rono	andarono	riceverono (ricevettero)	partirono

直説法遠過去の活用（2） essere と avere

400

不規則活用する動詞でもっとも基本的なものは，やはり essere と avere です。規則活用する動詞と同様，まずは 3 人称の活用形から覚えていくといいでしょう。

主語	essere ～である	avere 持つ
□ io	fui	ebbi
□ tu	fosti	avesti
□ lui lei Lei	fu	ebbe
□ noi	fummo	avemmo
□ voi	foste	aveste
□ loro Loro	furono	ebbero

直説法遠過去の用法（1）

401

規則活用する動詞と essere，avere を用いた例文を見てみましょう。

□ Il Botticelli andò a Roma nel 1481 a lavorare nella Cappella Sistina.	ボッティチェッリはシスティーナ礼拝堂で働くために 1481 年，ローマへ行きました。
□ Quella signora vendé (vendette) la casa prima del matrimonio.	その女性は結婚前に家を売りました。
□ Quattro ragazzi giapponesi partirono per Roma nel 1582.	4 人の日本人の少年が 1582 年にローマへ発ちました。
□ Ravenna fu la capitale dell'Impero Romano d'Occidente.	ラヴェンナは西ローマ帝国の首都でした。
□ Quel politico ebbe il potere di cambiare la situazione.	その政治家は情勢を変える力をもっていました。

＊**cappella**「礼拝堂」，**matrimonio**「結婚」，**capitale**「首都」，**politico**「政治家」。

402

▶声に出して言ってみよう①

イタリア語で言ってみてください。

1. その少年たちは 1585 年にローマに到着しました。
2. その画家は仕事の報酬（compenso）として 600 ドゥカート（ducato）を受け取りました。
3. 太平洋戦争（La guerra del Pacifico）は 1945 年に終わりました。
4. その本は 17 世紀に出版されました。

★次にコレ！

直説法遠過去の用法（2）

不規則活用する動詞でも, avere のように 1 人称複数形（avemmo）と 2 人称単数・複数形（avesti, aveste）は規則活用と同じ形で，残りの活用形も 3 人称単数形から類推できるものがあります。つまり 3 人称単数形（ebbe）の語尾母音を -e から -i にすれば 1 人称単数形（ebbi），-ro をつければ 3 人称複数形（ebbero）になるというわけです。

したがって，このパターンに属する動詞は 3 人称単数形のみを覚えれば，すべての活用形が言えるようになるはずです。

	不定詞	意味	３人称単数形
□	chiedere	尋ねる	**chiese**
□	chiudere	閉める	**chiuse**
□	conoscere	知っている	**conobbe**
□	correre	走る	**corse**
□	dipingere	描く	**dipinse**
□	giungere	到達する	**giunse**
□	leggere	読む	**lesse**
□	nascere	生まれる	**nacque**
□	piangere	泣く	**pianse**
□	prendere	取る	**prese**
□	ridere	笑う	**rise**
□	scendere	降りる	**scese**

□ scrivere	書く	**scrisse**
□ tenere	保つ	**tenne**
□ vedere	見る	**vide**
□ venire	来る	**venne**
□ volere	欲する	**volle**

この3人称単数形をもとに，例えば以下の動詞を直説法遠過去で活用すると次のようになります。

主語	**prendere** 取る	**vedere** 見る	**leggere** 読む	**venire** 来る
□ io	presi	vidi	lessi	venni
□ tu	prendesti	vedesti	leggesti	venisti
□ lui lei Lei	prese	vide	lesse	venne
□ noi	prendemmo	vedemmo	leggemmo	venimmo
□ voi	prendeste	vedeste	leggeste	veniste
□ loro Loro	presero	videro	lessero	vennero

6 直説法遠過去の用法（3）

404

ポイント⑤に属する動詞を用いた例文をいくつか挙げておきましょう。

□ Il Papa a quel punto prese un poverello fra le braccia.	教皇はその時，ひとりの哀れな人を抱きかかえました。
□ Il Primo Ministro del Giappone vide un'opera di Verdi al Teatro alla Scala.	日本の総理大臣はスカラ座でヴェルディのオペラを見ました。
□ In quel periodo nessuno lesse il giornale.	その時代は誰も新聞を読みませんでした。
□ Molti pittori vennero ad Assisi a decorare la Chiesa di San Francesco.	多くの画家がサン・フランチェスコ聖堂を装飾するためにアッシジにやって来ました。

＊**Papa**「法王，教皇」，**poverello**「かわいそうな子」，**Primo Ministro**「総理大臣，首相」，**nessuno**「誰も～ない」，**decorare**「装飾する」。

405

▶声に出して言ってみよう②

イタリア語で言ってみてください。

1. レオナルドは 1452 年に生まれ，1519 年に没しました。
2. ダンテは『神曲』（“Divina Commedia”）を 14 世紀の初めに書きました。
3. 多くの若い兵士（soldato）は彼らの故郷に戻ることを望みました。
4. その人々は同じ結論（conclusione）に達しました。

★さらにコレ！

7 直説法遠過去の活用（3） 不規則活用

406

essere のようにすべての活用形が不規則になるものもありますが，その形が 1 人称複数 (fummo) と 2 人称単数･複数（fosti, foste）のグループと, 1 人称単数（fui）と 3 人称単数・複数（fu，furono）のグループに分けられることは**ポイント**⑤で見た動詞と同様です。

したがって，このパターンに属する動詞は 2 人称単数形と 3 人称単数形を覚えれば，すべての活用形が言えるはずです。

	不定詞	意味	２人称単数形	３人称単数形
□	bere	飲む	bevesti	bevve
□	condurre	導く	conducesti	condusse
□	dare	与える	desti	diede
□	dire	言う	dicesti	disse
□	fare	する	facesti	fece
□	stare	いる	stesti	stette

この 2 人称・3 人称単数形をもとに，例えば以下の動詞を直説法遠過去で活用すると次のようになります。

	主語	dare 与える	stare いる	fare する	dire 言う
□	io	diedi	stetti	feci	dissi
□	tu	desti	stesti	facesti	dicesti
□	lui lei Lei	diede	stette	fece	disse
□	noi	demmo	stemmo	facemmo	dicemmo
□	voi	deste	steste	faceste	diceste
□	loro Loro	diedero	stettero	fecero	dissero

8 直説法遠過去の用法（4）

407

ポイント⑦に属する動詞を用いた例文をいくつか挙げておきましょう。

□	Quella sera diedero quell'opera di Rossini al Teatro Comunale.	その夜，テアトロ・コムナーレではロッシーニのあのオペラが上演されました。
□	Quel medico tedesco fece una scoperta nella genetica.	そのドイツ人の医師は遺伝に関する発見をしました。
□	Il generale condusse quell'esercito a Berlino.	将軍はその軍隊をベルリンへ率いました。

＊**scoperta**「発見」，**genetica**「遺伝学」，**generale**「将軍」，**esercito**「軍隊」，**condurre**「導く」。

▶声に出して言ってみよう③

イタリア語で言ってみてください。

1. その少年はある老女に手を貸しました。
2. その大臣はその夜，ワインをたくさん飲みました。
3. レオナルドは絵画が彫刻（scultura）よりも優れている（superiore）と言いました。

★余裕があれば！

直説法前過去とは

直説法遠過去で表された過去の出来事よりも，さらに前に起きたことを表したいときに，直説法前過去を用います。

直説法前過去の活用

409

直説法前過去の活用は，助動詞 avere ないしは essere の直説法遠過去の活用と動詞の過去分詞から構成されます。

主語	**parlare** 話す，話せる	**andare** 行く
io	ebbi parlato	fui andato (-a)
tu	avesti parlato	fosti andato (-a)
lui lei Lei	ebbe parlato	fu andato (-a)
noi	avemmo parlato	fummo andati (-e)
voi	aveste parlato	foste andati (-e)
loro Loro	ebbero parlato	furono andati (-e)

直説法前過去の用法

410

直説法前過去を用いた例文を挙げておきましょう。

Dopo che Giorgione ebbe lasciato quel quadro incompleto, Tiziano lo finì.	ジョルジョーネがその絵を未完のまま残した後，ティツィアーノがそれを仕上げました。
Dopo che Francesco fu salito su quel monte, ricevette le stigmate.	フランチェスコはその山に登った後，聖痕を拝受しました。

□	L'Impero Romano fu diviso in due dopo che l'imperatore Teodosio fu morto.	ローマ帝国はテオドシウス帝が没した後，ふたつに分割されました。

＊**lasciare**「残す」，**incompleto**「未完成の」，**stigmate**「聖痕」，**dividere**「分割する」。

411

▶声に出して言ってみよう④

イタリア語で言ってみてください。

1. カラヴァッジョはローマで人を殺害した（uccidere）後，ナポリに行きました。
2. そのピアニストはあのコンクール（concorso）で勝利した後，有名になりました。
3. エジプト（Egitto）に戻った後，モーゼはファラオ（faraone）と話しました。

★最後にコレ！

12 音声を聴いて答えよう！

412

以下のヒントをもとに音声の問いかけに答えてみてください。

1.	1483 年にウルビーノ
2.	1508 年
3.	教皇ユリウス 2 世

解答例

第1課

声に出して言ってみよう①　の答え

1. **イター**リア
2. ミ**ラー**ノ
3. **ナー**ポリ
4. プ**ラー**ダ
5. アル**マー**ニ
6. ジェ**ラー**ト
7. フェル**マー**タ
8. テ**レー**フォノ

声に出して言ってみよう②　の答え

1. **バー**リ
2. ヴェ**ロー**ナ
3. **ロー**マ
4. リ**ヴォ**ルノ
5. ジャッ**ポー**ネ
6. ビ**ア**ンコ
7. **ヴィー**ノ
8. レ**オー**ネ
9. **ラー**ナ
10. **ロ**ッソ

声に出して言ってみよう③　の答え

1. **オ**テル
2. **カー**ザ
3. **チェー**ナ
4. **キャ**ンティ
5. ガッレ**リー**ア
6. **ジェー**ノヴァ
7. ギ**ア**ッチョ
8. ラ**ザー**ニャ
9. ファ**ミ**ッリア
10. スィ**エー**ナ
11. スク**オー**ラ
12. **シェー**ナ

音声を聴いて答えよう！　の答え

1. Italia
2. Giappone
3. Roma
4. Venezia
5. Bologna
6. Napoli
7. Milano
8. vino
9. rosso
10. spaghetti
11. casa
12. gelato

第2課

声に出して言ってみよう①　の答え

1. Buona sera, signor Neri !
2. Buona sera, signora Neri !
3. Arrivederci, signora Neri !

声に出して言ってみよう②　の答え

1. Buon giorno, signor Neri ! Come sta ?
   – (Sto) bene, grazie. E Lei ?
2. Ciao, Marco ! Come stai ?
   – (Sto) bene, grazie. E tu ?

声に出して言ってみよう③　の答え

1. Piacere !
   – Piacere !
2. Come si chiama (Lei) ?
   – Mi chiamo Marco Neri.
3. Come ti chiami ?
   – Mi chiamo Marco.

音声を聴いて答えよう！　の問いかけと答えの一例

1. Piacere ! – Piacere !
   はじめまして。– はじめまして。
2. Mi chiamo Hiroaki Matsuura. Come si chiama Lei ?
   – Mi chiamo［ご自分の名前］.
   私の名前は松浦弘明です。あなたのお名前は？
   – 私の名前は～です。
3. Buon giorno ! – Buon giorno !
   こんにちは。– こんにちは。
4. Come sta ?
   – (Sto) bene, grazie. E Lei ?
   ごきげんいかがですか。
   – おかげさまで元気です。あなたはいかがですか。

第３課

声に出して言ってみよう①　の答え

1. Senta(Scusi)！ Un gelato, per favore！
2. Senta(Scusi)！ Un cucchiaio, per favore！
3. Senta(Scusi)！ Una forchetta, per favore！

声に出して言ってみよう②　の答え

1. Senta(Scusi)！ Due gelati, per favore！
2. Senta(Scusi)！ Tre pizze, per favore！
3. Senta(Scusi)！ Due cucchiai, per favore！
4. Senta(Scusi)！ Tre forchette, per favore！

声に出して言ってみよう③　の答え

1. Un bicchiere di birra, per favore！
   (Una birra, per favore！)
2. Una tazza di caffè, per favore！
   (Un caffè, per favore！)
3. Tre bicchieri di birra, per favore！
   (Tre birre, per favore！)
4. Tre tazze di cappuccino, per favore！
   (Tre cappuccini, per favore！)

音声を聴いて答えよう！　の問いかけと答えの一例

1. Buon giorno！ Desidera？
   – Un panino, per favore！
   こんにちは。何になさいますか。
   – サンドイッチをひとつ，お願いします。
2. Buon giorno！ Desidera？
   – Due pizze, per favore！
   こんにちは。何になさいますか。– ピザを２枚，お願いします。
3. Buona sera！ Mi dica！
   – Un bicchiere di birra, per favore！
   こんばんは。何になさいますか。
   – グラス・ビールをひとつ，お願いします。
4. Buona sera！ Mi dica！
   – Due tazze di caffè, per favore！
   こんばんは。何になさいますか。
   – コーヒーをふたつ，お願いします。

第４課

声に出して言ってみよう①　の答え

1. Un cucchiaio, per favore！
   – Ecco il cucchiaio.
2. Una forchetta, per favore！
   – Ecco la forchetta.

声に出して言ってみよう②　の答え

1. Ecco il vino bianco.
2. Ecco il portafoglio nero.
3. Ecco i pantaloni rossi.

声に出して言ってみよう③　の答え

1. Ecco il Duomo di Milano.
2. Ecco il Museo di San Marco.
3. Ecco il portafoglio di Gucci.
4. Ecco la borsa di Prada.

音声を聴いて答えよう！　の問いかけと答えの一例

1. Ecco il panino. – Grazie！
   はい，サンドイッチです。– ありがとうございます。
2. Ecco la pizza. – Grazie！
   はい，ピザです。– ありがとうございます。
3. Ecco la birra. – Grazie mille！
   はい，ビールです。– どうもありがとうございます。
4. Ecco il caffè. – Grazie mille！
   はい，コーヒーです。– どうもありがとうございます。

第５課

声に出して言ってみよう①　の答え

1. Dov'è il Duomo di Firenze？
2. Dov'è il Ponte Vecchio？
3. Dov'è la stazione？
4. Dov'è la fermata？

声に出して言ってみよう②　の答え

1. Senta (Scusi)！ Dov'è il bagno？
   – È lì a destra.
2. Senta (Scusi)！ Dov'è la Chiesa di San Marco？
   – È vicina. Sempre diritto.

声に出して言ってみよう③　の答え

1. Com'è la signora Neri？
   – È molto gentile.
2. Com'è la borsa di Prada？
   – È molto bella.
3. Com'è la stazione？
   – È troppo grande.

音声を聴いて答えよう！　の問いかけと答えの一例

1. Senta ! Dov'è il bagno ? – È lì a sinistra.
   すみません。トイレはどこですか。– あそこを左です。
2. Senta ! Dov'è la stazione ?
   – È vicina. Sempre diritto.
   すみません。駅はどこですか。
   近いです。ずっと真っ直ぐです。
3. Com'è il Duomo di Firenze ?
   – È molto grande.
   フィレンツェ大聖堂はどのようですか。
   – とても大きいです。
4. Com'è la Chiesa di San Francesco ?
   – È molto bella.
   サン・フランチェスコ聖堂はどのようですか。
   – とても美しいです。

第６課

声に出して言ってみよう①　の答え

1. Quello è il Palazzo Vecchio ?
   – Sì, è il Palazzo Vecchio.
2. Che cosa è quello ? (Che cos'è quello ?)
   – È il Museo Nazionale.

声に出して言ってみよう②　の答え

1. Questo formaggio è buono ?
   – Sì, è molto buono.
2. Questa mozzarella è buona ?
   – Sì, è molto buona.
3. Questa opera è importante ?
   – No, non è molto importante.

声に出して言ってみよう③　の答え

1. Quel professore è molto gentile.
2. Quello studente è simpatico.
3. Quell'amico è cattivo.
4. Quella studentessa è antipatica.
5. Quell'amica è molto buona.

音声を聴いて答えよう！　の問いかけと答えの一例

1. Che cos'è questo ?
   – È la "Gioconda" di Leonardo.
   これは何ですか。
   – レオナルドの「ジョコンダ」です。
2. Com'è questa opera ? – È molto bella.
   この作品はどうですか。– とても美しいです。
3. Che cos'è quello ? – È il Palazzo Vecchio.
   あれはなんですか。– ヴェッキオ宮殿です。
4. Com'è quel palazzo ? – È molto grande.
   あの建物はどうですか。– とても大きいです。

第７課

声に出して言ってみよう①　の答え

1. Che cosa sono questi ?
   – Sono gli spaghetti giapponesi, "Soba".
2. Che cosa sono quelli ?
   – Sono le fettuccine giapponesi, "Kishimen".

声に出して言ってみよう②　の答え

1. C'è un letto.
2. Ci sono tre camere.
3. Non c'è un armadio.
4. Ci sono cinque sedie.

声に出して言ってみよう③　の答え

1. Quante camere ci sono in questo appartamento ?
   – Ci sono cinque camere.
2. Quanti studenti ci sono in questa aula (quest'aula) ?
   – Ci sono otto studenti.
3. Quanti giapponesi ci sono in questa scuola ?
   – Ci sono dieci giapponesi.

声に出して言ってみよう④　の答え

1. Quei professori sono bravi ?
   – Sì, sono molto bravi.
2. Quegli spaghetti sono buoni ?
   – No, non sono molto buoni.

音声を聴いて答えよう！　の問いかけと答えの一例

1. Quanti letti ci sono in questa camera ?
   – C'è un letto.
   この部屋にはベッドがいくつありますか。
   – ベッドはひとつです。

2. Quante sedie ci sono ?
   – Ci sono quattro sedie.
   いすはいくつありますか。– いすは４つあります。

3. Quanti libri ci sono ?
   – Ci sono molti libri.
   本は何冊ありますか。– 本はたくさんあります。

4. Quanti specchi ci sono ?
   – C'è uno specchio.
   鏡はいくつありますか。– 鏡はひとつあります。

第８課

声に出して言ってみよう① の答え

1. Sono impiegata.
2. Non sono studentessa.
3. Non sono sposata.

声に出して言ってみよう② の答え

1. Lei è cinese ?
   – No, non sono cinese. Sono giapponese.
2. Di dov'è Lei ?
   – Sono di Osaka.
3. Lei è impiegato ?
   – No, non sono impiegato. Sono pensionato.

声に出して言ってみよう③ の答え

1. Siete giapponesi ?
   – Sì, siamo giapponesi.
2. Siete turisti ?
   – Sì, siamo turisti.
3. Di dove siete ?
   – Siamo di Roma e quindi siamo romani.

声に出して言ってみよう④ の答え

1. I miei amici sono veneziani.
2. Le mie sorelle sono casalinghe.
3. I Suoi genitori sono molto gentili.
4. I tuoi figli sono studenti ?
   – No, non sono studenti. Sono impiegati.

音声を聴いて答えよう！ の問いかけと答えの一例

1. Lei è giapponese ? – Sì, sono giapponese.
   あなたは日本人ですか。– はい，私は日本人です。
2. Di dov'è ? – Sono di Tokyo.
   あなたはどちらのご出身ですか。– 私は東京出身です。
3. Lei è studentessa ? – No, sono impiegata.
   あなたは学生（女）ですか。– いいえ，会社員（女）です。
4. Lei è sposata ? – No, non sono sposata.
   あなた（女）は結婚されていますか。
   – いいえ，私（女）は結婚していません。

第９課

声に出して言ってみよう① の答え

1. Ho due bambini.
2. Ho due fratelli e non ho sorelle.
3. Ho una fidanzata italiana.
4. Ho un cane.
5. Non ho né cani né gatti.

声に出して言ってみよう② の答え

1. Hai figli ?
   – Sì, ho un figlio e una figlia.
2. Lei ha amici italiani ?
   – Sì, ho un'amica italiana.
3. Hai fame ?
   – Sì, ho fame.
4. Lei ha caldo ?
   – No, non ho né caldo né freddo.
5. Quanti anni hai ?
   – Ho diciotto anni.

声に出して言ってみよう③ の答え

1. Hai un ragazzo italiano ?
   – Sì, ce l'ho.
2. Lei ha il passaporto ?
   – Sì, ce l'ho.
3. Avete una casa in Italia ?
   – No, non ce l'abbiamo.
4. Avete portafogli di Armani ?
   – No, non ce l'abbiamo.
5. Avete una camera matrimoniale per stanotte ?
   – Sì, ce l'abbiamo.

声に出して言ってみよう④ の答え

1. I professori hanno fretta.
2. Quei signori non hanno i biglietti.

3. Ho mal di stomaco.
4. I miei bambini hanno una febbre leggera.

音声を聴いて答えよう！　の問いかけと答えの一例

1. Lei ha il passaporto ? – Sì, ce l'ho.
   あなたはパスポートをお持ちですか。
   – はい，持っています。
2. Lei ha figli ? – Sì, ho un figlio e una figlia.
   あなたはお子さんがいらっしゃいますか。
   – はい，息子がひとりと娘がひとりいます。
3. Quanti anni ha Suo figlio ?
   – Ha quindici anni.
   あなたの息子さんはおいくつですか。
   – 彼は 15 歳です。
4. Quanti anni ha Sua figlia ?
   – Ha dodici anni.
   あなたの娘さんはおいくつですか。
   – 彼女は 12 歳です。

第 10 課

声に出して言ってみよう①　の答え

1. Parlo un po' italiano.
2. Abito a Tokyo.
3. Studio (l')italiano a scuola.
4. Lavoro in ufficio a Osaka.
5. Torno in Giappone domani.

声に出して言ってみよう②　の答え

1. Parli italiano ?
   – Sì, lo parlo un po'.
2. Dove abiti ?
   – Abito a Firenze.
3. Dove studi (l')italiano ?
   – Lo studio a scuola a Milano.
4. Lei lavora in Giappone ?
   – Sì, lavoro in ufficio a Tokyo.
5. Quando torna in Giappone ?
   – Torno domani.

声に出して言ってみよう③　の答え

1. Che cosa mangiate stasera ?
   – Mangiamo la pizza.
2. Aspettate il taxi ?
   – Sì, lo aspettiamo (l'aspettiamo).
3. Amate l'Italia ?
   – Certo che la amiamo (l'amiamo).
4. Viaggiate in Italia ?
   – Sì, viaggiamo in treno.

声に出して言ってみよう④　の答え

1. Che cosa studia vostra figlia ?
   – Studia (l')italiano a Firenze.
2. I vostri amici viaggiano in Europa ?
   – Sì, viaggiano in macchina.
3. Gli italiani mangiano spesso gli spaghetti ?
   – Sì, li mangiano quasi ogni giorno.
4. I giapponesi amano le scarpe italiane ?
   – Sì, le amano.
5. Cantate spesso le canzoni napoletane ?
   – No, non le cantiamo spesso.

音声を聴いて答えよう！　の問いかけと答えの一例

1. Lei parla italiano ?　– Sì, lo parlo un po'.
   あなたはイタリア語が話せますか。
   – はい，私はそれを少し話せます。
2. Abita qui a Firenze ? – No, abito a Tokyo.
   あなたはここ，フィレンツェにお住まいなのですか。
   – いいえ，私は東京に住んでいます。
3. Lei è studentessa ? – Sì, sono studentessa.
   あなたは学生（女）ですか。– はい，私は学生（女）です。
4. Che cosa studia ? – Studio storia italiana.
   あなたは何を勉強されているのですか。
   – 私はイタリア史を勉強しています。

第 11 課

声に出して言ってみよう①　の答え

1. Leggi il giornale ogni giorno ?
   – No, non lo leggo ogni giorno.
2. Lei scrive una e–mail a Suo padre?
   – Sì, la scrivo.
3. Dove mi aspetti ?
   – Ti aspetto a casa.
4. Lei conosce quella signora ?
   – Sì, la conosco abbastanza bene.

声に出して言ってみよう②　の答え

1. Che vino prendete ?
   – Prendiamo il vino della casa.

2. Vedete spesso l'opera lirica ?
   – Sì, la vediamo una volta al mese.
3. Scrivete e–mail ai vostri genitori ?
   – Sì, le scriviamo ogni giorno.
4. Ricevete spesso lettere dai vostri amici ?
   – No, le riceviamo qualche volta.

声に出して言ってみよう③　の答え

1. Che cosa prendete da bere ?
   – Prendiamo una bottiglia di vino bianco della casa e una (bottiglia) di acqua minerale naturale.
2. Che cosa prende come primo piatto ?
   – Prendo gli spaghetti al ragù.
3. Che cosa prende come secondo piatto ?
   – Prendo le scaloppine al limone.
4. Il conto, per favore.
   – Ottantanove euro e cinquanta.

声に出して言ってみよう④　の答え

1. Il direttore vi (Le) vede domani sera.
2. Il mio professore conosce bene la Galleria degli Uffizi.
3. Molti giapponesi leggono questo libro.
4. I miei bambini scrivono spesso lettere agli insegnanti.

音声を聴いて答えよう！　の問いかけと答えの一例

1. Buona sera, signori. Che cosa prendete da bere ?
   – Prendiamo una bottiglia di vino bianco della casa.

   （複数の人に対して）こんばんは。飲物は何になさいますか。
   – 私たちはハウス・ワインの白をボトルでいただきます。
2. Che cosa prendete come primo piatto ?
   – Io prendo gli spaghetti alle vongole e mia moglie prende le fettuccine ai funghi.

   （複数の人に対して）プリーモ·ピアットは何になさいますか。
   – 私はあさりのスパゲッティで，妻はきのこのフェットゥッチーネにします。
3. Che cosa prendete come secondo piatto ?
   – Prendiamo una bistecca alla fiorentina.

   （複数の人に対して）セコンド·ピアットは何になさいますか。
   – 私たちはフィレンツェ風ステーキにします。

第12課

声に出して言ってみよう①　の答え

1. Quando parti per Tokyo ?
   – Parto la settimana prossima.
2. Dorme bene in questi giorni ?
   – Sì, dormo molto bene.
3. Signora, mi sente ?
   – Sì, La sento molto bene.

声に出して言ってみよう②　の答え

1. Quando partite per il Giappone ?
   – Partiamo il quindici.
2. Quante ore dormite di solito ?
   – Dormiamo circa otto ore.
3. Che cosa mi regali ?
   – Ti regalo una borsa.

声に出して言ってみよう③　の答え

1. Che ora è ?
   – È l'una e mezzo.
2. Sono le diciotto e venti.
3. A che ora parti per Roma ?
   – Parto a mezzogiorno e un quarto (quindici).

声に出して言ってみよう④　の答え

1. I signori Bianchi ci offrono la cena domani sera.
2. Telefoni spesso ai tuoi genitori ?
   – No, non gli telefono spesso.
3. Dove dormono i tuoi amici stanotte ?
   – Dormono a casa mia.

音声を聴いて答えよう！　の問いかけと答えの一例

1. Quando parti per il Giappone ?
   – Parto la settimana prossima.

   きみはいつ日本へ発つのですか。
   – 私は来週，発ちます。
2. Che ora è ? – Sono le ventuno e quaranta.

   今，何時ですか。– 21 時 40 分です。
3. A che ora arrivi a Tokyo ?
   – Arrivo a mezzanotte.

   きみは何時に東京に着くのですか。
   – 私は夜中の 0 時に着きます。

4. Quante ore dormi di solito ?
   – Dormo circa sei ore.

   きみは普段，何時間寝ますか。
   – 私は約 6 時間寝ます。

第 13 課

声に出して言ってみよう① の答え

1. A che ora finisci il lavoro stasera ?
   – Lo finisco alle sette.
2. Spedisce questi libri in Giappone ?
   – Sì, li spedisco per via aerea.
3. Preferisce gli spaghetti o le fettuccine ?
   – Preferisco gli spaghetti.

声に出して言ってみよう② の答え

1. Preferite il vino bianco o il vino rosso ?
   – Preferiamo il vino rosso.
2. Capite la lezione di quel professore ?
   – No, non la capiamo bene.
3. Mi offri un caffè ?
   – Sì, te lo offro volentieri.
4. Lei mi spedisce una e–mail stasera ?
   – Sì, Gliela spedisco senz'altro.

声に出して言ってみよう③ の答え

1. A che ora apre la Chiesa di San Francesco ?
   – Apre alle sette e mezzo.
2. A che ora chiude questo ristorante ?
   – Chiude a mezzanotte.
3. Che giorno della settimana è oggi ?
   – Oggi è venerdì.

声に出して言ってみよう④ の答え

1. Gli studenti finiscono i compiti ?
   – No, non li finiscono entro questa settimana.
2. Quella signora ci offre la cena ?
   – Sì, ce la offre.
3. Spedisci spesso e–mail agli amici italiani ?
   – No, non gliele spedisco spesso.

音声を聴いて答えよう！ の問いかけと答えの一例

1. Capisci la mia spiegazione ?
   – Sì, la capisco benissimo.

   きみは私の説明がわかりますか。
   – はい，私はそれをとてもよく理解しています。
2. Lei preferisce l'acqua naturale o l'acqua frizzante ?
   – Preferisco l'acqua naturale.

   あなたはガスなしの水とガス入りの水ではどちらがお好きですか。
   – 私はガスなしの水の方が好きです。
3. A che ora parte questo aereo ?
   – Parte alle diciassette e venti.

   この飛行機は何時に発ちますか。
   – 17 時 20 分に出発します。
4. Questo museo è aperto anche il lunedì ?
   – No, è chiuso.

   この美術館は月曜日も開いていますか。
   – いいえ，閉まっています。

第 14 課

声に出して言ってみよう① の答え

1. Dove vai questa primavera ?
   – Vado a Firenze.
2. Quando viene in Giappone ?
   – Vengo il mese prossimo.
3. Che cosa fa (Lei) ?
   – Faccio l'impiegata.
4. Come stai ?
   – Sto bene, grazie.

声に出して言ってみよう② の答え

1. Dove andate domani mattina ?
   – Andiamo al mercato centrale.
2. Che cosa fate a Milano ?
   – Facciamo spese.
3. A che ora venite a scuola ?
   – Veniamo a mezzogiorno.
4. Dove state domani mattina ?
   – Stiamo in ufficio.

声に出して言ってみよう③ の答

1. Che cosa fa (Lei) ?
   – Faccio il pensionato. (Sono pensionato.)
2. Che tempo fa a Milano ?
   – Fa brutto tempo. Piove a dirotto.
3. Andiamo al mare questa domenica. Vieni anche tu con noi ?
   – Sì, vengo volentieri.

声に出して言ってみよう④　の答え

1. Come Le vanno queste scarpe ?
   – Mi vanno un po' strette.
2. Quando vengono a Tokyo i signori Bianchi ?
   – Vengono questo autunno.
3. Che cosa fanno a Firenze le tue sorelle ?
   – Fanno spese.
4. Come mi sta questa camicia ?
   – Le sta molto bene.

音声を聴いて答えよう！　の問いかけと答えの一例

1. Quando vai in Italia la prossima volta ?
   – Vado questa primavera.

   きみは次回，いつイタリアに行きますか。
   – 私はこの春，行きます。
2. Vieni a scuola domani ?
   – Certo che ci vengo.

   きみは明日，学校に来ますか。
   – もちろん，私は来ます。
3. Che cosa fa Lei a Tokyo ?
   – Faccio l'impiegata.

   あなたは東京で何をやられているのですか。
   – 私は会社員（女）をやっています。
4. Come stanno i Suoi genitori ?
   – Stanno molto bene, grazie.

   あなたのご両親はお元気ですか。
   – おかげさまで，彼らはとても元気です。

第 15 課

声に出して言ってみよう①　の答え

1. Che cosa bevi ?
   – Bevo la birra alla spina.
2. Lei dà una mano al professore ?
   – Sì, gliela do spesso.
3. Mi dici la verità ?
   – Certo che te lo dico.
4. Signora, a che ora esce di casa domani mattina ?
   – Esco alle nove e mezzo.

声に出して言ってみよう②　の答え

1. Ti piace viaggiare ?
   – Sì, mi piace viaggiare in treno.
2. Le piace questa camicia ?
   – Sì, mi piace.
3. Le piacciono questi orecchini ?
   – No, non mi piacciono molto.
4. Ai tuoi genitori piace la cucina italiana ?
   – Sì, gli piace molto.

声に出して言ってみよう③　の答え

1. Che ne dici di quel professore ?
   – Secondo me (lui) è molto simpatico.
2. Come si dice "Sayonara" in italiano ?
   – Si dice "Arrivederci".
3. Che cosa danno al Teatro alla Scala stasera ?
   – Danno "La Traviata".
4. Come si fa a comprare il biglietto ?

声に出して言ってみよう④　の答え

1. Tenete le finestre aperte ?
   – Sì, le teniamo aperte.
2. Salite su questo treno ?
   – Sì, saliamo subito.
3. Che colore scegliete ?
   – Scegliamo il rosso.

音声を聴いて答えよう！　の問いかけと答えの一例

1. Le piace questo anello ?
   – Sì, mi piace molto. Lo prendo.

   この指輪は気に入られましたか。
   – はい，とても気に入りました。それをいただきます。
2. Che cosa danno a quel teatro stasera ?
   – Danno un concerto di pianoforte.

   今晩，あの劇場では何をやっていますか。
   – ピアノのコンサートをやっています。
3. Come si dice "Buon giorno" in giapponese ? – Si dice "Konnichiwa".

   "Buon giorno" は日本語で何と言いますか。
   –「こんにちは」と言います。

第 16 課

声に出して言ってみよう①　の答え

1. Che cosa vuoi fare in Italia ?
   – Vorrei fare spese a Milano.
2. Perché Lei studia (l')italiano ?
   – Perché vorrei vivere in Italia.

3. Senta, signore ! Vorrei cambiare cinquantamila yen in euro.

声に出して言ってみよう② の答え

1. Posso fumare una sigaretta ?
2. Si può pagare con la carta di credito in questo negozio ?
3. Puoi portare quattro bicchieri ?
4. Senta, signore ! Può chiamare un taxi, per favore ?

声に出して言ってみよう③ の答

1. Scusi, vorrei andare a Genova.
   – Allora deve cambiare (il treno) a Pisa.
2. Posso darLe una mano ?
3. Andate a scuola domani ?
   – Sì, dobbiamo andarci.
4. Dici bugie al tuo amico ?
   – Sì, devo dirgliele.

声に出して言ってみよう④ の答え

1. Sai guidare la macchina ?
   – Sì, so guidarla abbastanza bene.
2. Lei sa nuotare ?
   – No, non so nuotare per niente.
3. Quanto tempo ci vuole ad andare all'aeroporto in taxi ?
   – Ci vogliono circa venti minuti.

音声を聴いて答えよう！ の問いかけと答えの一例

1. Che cosa vuole fare in Italia ?
   – Vorrei comprare le scarpe a Milano.

   あなたはイタリアで何をしたいですか。
   – 私はミラノで靴を買いたいです。

2. Scusi, vorrei andare alla stazione.
   – Allora deve girare a sinistra al secondo semaforo.

   すみません，駅に行きたいのですが。
   – それでは，2 番目の信号を左に曲がってください。

3. Questa borsa costa duecentotrenta euro.
   – Scusi, può scriverlo qui, per favore ?

   このカバンは 230 ユーロです。
   – すみません，それ（値段）をここに書いていただけますか。

第 17 課

声に出して言ってみよう① の答え

1. A che ora si alza domani mattina ?
   – Mi alzo alle sei e mezzo.
2. Ti lavi i denti ogni mattina ?
   – Certo che me li lavo.
3. Dove ci vediamo domani ?
   – Ci vediamo davanti al Duomo. Va bene ?

声に出して言ってみよう② の答え

1. Dormi bene in questi giorni ?
   – No, mi sveglio spesso durante la notte.
2. Signorina, si taglia i capelli spesso ?
   – No, non me li taglio spesso.
3. Da quanto tempo vi conoscete ?
   – Ci conosciamo da molti anni.

声に出して言ってみよう③ の答

1. Vorrei trasferirmi in campagna.
2. Come si chiama quel palazzo ?
   – Si chiama Palazzo Vecchio.
3. Paolo e Maria si sposano fra poco.
4. Marco, devi lavarti le mani prima di mangiare.

声に出して言ってみよう④ の答え

1. Non dovete dimenticarvi di fare i compiti.
2. Non dobbiamo vergognarci di questo risultato.

音声を聴いて答えよう！ の問いかけと答えの一例

1. A che ora ti alzi di solito ?
   – Mi alzo alle sette e mezzo.

   普段，きみは何時に起きますか。
   – 私は 7 時半に起きます。

2. Come si chiama Suo marito ?
   – Si chiama Taro.

   あなたの夫のお名前は何ですか。
   – 太郎といいます。

3. Da quanto tempo vi conoscete ?
   – Ci conosciamo da un anno.

   あなたがたはいつからのお知り合いですか。
   – 私たちは 1 年前から知り合いです。

第 18 課

声に出して言ってみよう① の答え

1. Canta le canzoni napoletane !
2. Parli più lentamente, per favore !
3. Ceniamo insieme stasera !
4. Studiate bene l'italiano !

声に出して言ってみよう② の答え

1. Vada diritto e poi al secondo semaforo giri a destra !
2. Venite da me domani sera ! Ceniamo insieme !
3. Non bevete troppo !

声に出して言ってみよう③ の答

1. Lei è pittore ? Allora mi faccia vedere le Sue opere !
2. Scusi ! Mi dia un caffè, per favore !
3. Marco, dimmi la verità !

声に出して言ってみよう④ の答え

1. Alziamoci presto domani mattina !
2. Accomodatevi qui !
3. Non preoccupatevi ! (Non vi preoccupate !)

音声を聴いて答えよう！ の問いかけと答えの一例

1. Scusi, signore ! – Sì, mi dica !

   （男性に対して）すみません。– はい，何でしょうか。

2. Dov'è la stazione centrale ?
   – Allora, vada diritto fino in fondo e poi giri a sinistra !

   中央駅はどこですか。
   – それでは，つきあたりまで真っ直ぐに行き，それから左に曲がってください。

3. Grazie mille ! – Di niente.

   どうもありがとうございます。– どういたしまして。

第 19 課

声に出して言ってみよう① の答え

1. Signora Bianchi, a che ora è arrivata a casa ?
   – Sono arrivata verso le sei.
2. Ieri sera siete usciti di casa ?
   – Sì, siamo andati al cinema a vedere un film francese.
3. Maria, dove sei stata stamattina ?
   – Sono stata in casa.

声に出して言ってみよう② の答え

1. Che cosa hai regalato al tuo ragazzo ?
   – Gli ho regalato un orologio.
2. Quando avete giocato a tennis ?
   – Abbiamo giocato sabato scorso.
3. Lei ha già cenato ?
   – No, non ho ancora cenato.

声に出して言ってみよう③ の答え

1. (Lei) è stata in Giappone ?
   – No, non ci sono mai stata.
2. Anna, sei venuta a lezione la settimana scorsa ?
   – No, non ci sono venuta.
3. Che cosa avete fatto sabato sera ?
   – Abbiamo visto un film francese.

声に出して言ってみよう④ の答え

1. Che cosa avete bevuto ieri sera ?
   – Abbiamo bevuto la birra tedesca.
2. Hai già risposto alla e–mail della professoressa ?
   – No, non ho ancora risposto.
3. Michele ti ha offerto qualcosa dopo la cena ?
   – Sì, mi ha offerto una grappa.

音声を聴いて答えよう！ の問いかけと答えの一例

1. Che cosa hai fatto in Italia ?
   – Ho fatto spese a Milano. Ho comprato le scarpe.

   きみはイタリアで何をしましたか。
   – 私はミラノでショッピングをしました。靴を買いました。

2. Sei andata al ristorante italiano ?
   – Sì, ci sono andata.

   きみ（女）はイタリアン・レストランに行きましたか。
   – はい，私（女）は行きました。

3. Che cosa hai mangiato ?
   – Ho mangiato una cotoletta alla milanese.

   きみは何を食べたのですか。
   – 私はミラノ風カツレツを食べました。

第 20 課

声に出して言ってみよう①　の答え

1. Anna, ti sei svegliata presto stamattina ?
   – No, mi sono svegliata tardi.
2. Dove si sono conosciuti i tuoi genitori ?
   – Si sono conosciuti a scuola.
3. Signora, Lei si è trasferita ?
   – Sì, mi sono trasferita a Genova il mese scorso.

声に出して言ってみよう②　の答え

1. Hai mangiato la pizza a Napoli ?
   – Sì, l'ho mangiata.
2. Hai visitato il Museo Archeologico ?
   – Sì, l'ho visitato.
3. Hai visto delle statue antiche ?
   – Sì, le ho viste.
4. Hai provato questi occhiali ?
   – Sì, li ho provati.

声に出して言ってみよう③　の答え

1. A che ora hai finito il lavoro ?
   – L'ho finito alle sette.
2. È già finito quel concerto ?
   – No, non è ancora finito.
3. Paola, perché non sei venuta alla festa ieri sera ?
   – Mi dispiace, ma non sono potuta uscire di casa.

声に出して言ってみよう④　の答え

1. Il professore vi ha offerto la cena ?
   – Sì, ce l'ha offerta sabato scorso.
2. I tuoi compagni di classe ti hanno dato una mano ?
   – No, non me l'hanno data.
3. Marco, quando ti sei tagliato i capelli ?
   – Me li sono tagliati la settimana scorsa.

音声を聴いて答えよう！　の問いかけと答えの一例

1. Signora, ha fatto spese a Firenze ?
   – Sì, le ho fatte.

   （女性に対して呼びかけて）あなたはフィレンツェでショッピングをしましたか。– はい，私は（それらを）しました。
2. Ha comprato i guanti per Suo marito ?
   – Sì, li ho comprati.

   あなたはご主人に手袋を買われましたか。
   – はい，私は（それらを）買いました。
3. Ha mangiato una bistecca alla fiorentina ?
   – No, non l'ho mangiata.

   あなたはフィレンツェ風ステーキを食べましたか。
   – いいえ，私は（それを）食べませんでした。

第 21 課

声に出して言ってみよう①　の答え

1. Che cosa studiavi in Giappone ?
   – Studiavo letteratura italiana.
2. Dove abitavi a Firenze ?
   – Abitavo in centro, vicino al Duomo.
3. Quando provavo una camicia nel camerino, è entrato qualcuno.

声に出して言ってみよう②　の答え

1. Che cosa facevi in campagna ?
   – Facevo passeggiate ogni giorno.
2. Facevi spesso sport in quei giorni ?
   – Sì, giocavo a tennis ogni domenica.
3. Andavate spesso ai musei ?
   – Sì, ci andavamo due volte alla settimana.

声に出して言ってみよう③　の答え

1. Mio marito era molto bello da ragazzo.
2. Professor Neri, come era (Lei) da studente ?
   – Non ero molto diligente. Non studiavo molto e giocavo sempre a calcio.
3. Come erano quegli affreschi prima del restauro ?
   – Erano stupendi.

声に出して言ってみよう④　の答え

1. Scusi ! Volevo chiamare un taxi.
2. Mentre pioveva a dirotto a Siena, faceva bel tempo a Firenze.
3. Mentre tu ti divertivi in Italia, io lavoravo molto a Tokyo.

音声を聴いて答えよう！　の問いかけと答えの一例

1. Che cosa studiava a scuola ?
   – Studiavo letteratura americana.
   あなたは学校で何を勉強していたのですか。
   – 私はアメリカ文学を勉強していました。
2. Come era da studentessa ?
   – Ero abbastanza diligente.
   あなた（女）は学生の頃，どうでしたか。
   – 私はかなり勤勉でした。
3. Allora studiava sempre ?
   – No, non studiavo sempre. Andavo a bere con i miei amici qualche volta.
   それではあなたはいつも勉強されていたのですか。
   – いいえ，私は常に勉強していたわけではありません。時には友人たちと飲みに行っていました。

第22課

声に出して言ってみよう①　の答え

1. Sono venuta in Italia dopo che avevo studiato (imparato) l'italiano in Giappone.
2. Ho comprato queste scarpe dopo che le avevo provate.
3. Ci siamo trasferiti a Milano dopo che ci eravamo sposati.

声に出して言ってみよう②　の答え

1. Signore, che cosa sta facendo ?
   – Sto preparando la cena. Sto cucinando la carne.
2. Ragazzi, che cosa state facendo ?
   – Stiamo giocando a calcio.
3. Che cosa stavate facendo a quell'ora ?
   – Stavamo bevendo la birra in birreria.

声に出して言ってみよう③　の答え

1. Quando abitavo a Firenze, visitavo spesso i musei e le chiese.
2. Frequentavo l'università mentre lavoravo in ufficio.
   (Frequentavo l'università lavorando in ufficio.)
3. Sabato scorso siamo andati in montagna, perché faceva bel tempo.
4. Ho dato quell'esame dopo che mi ero preparato bene.
   (Ho dato quell'esame essendo preparatomi bene.)

音声を聴いて答えよう！　の問いかけと答えの一例

1. Che cosa avevi fatto prima di venire in Italia ?
   – Avevo lavorato in ufficio.
   きみはイタリアに来る前は何をしていたのですか。
   – 私は会社で働いていました。
2. Avevi studiato l'italiano anche in Giappone ?
   – Sì, l'avevo studiato a Tokyo.
   きみは日本でもイタリア語を勉強していたのですか。
   – はい，東京でそれを勉強していました。
3. Ora che cosa stai facendo ?
   – Sto studiando l'arte italiana all'università.
   現在，きみは何をしているのですか。
   – 私は大学でイタリア美術を勉強しています。

第23課

声に出して言ってみよう①　の答え

1. Signora Neri, quando partirà per Parigi ?
   – Partirò in questi giorni.
2. A che ora arriverai a casa ?
   – Arriverò prima delle otto.
3. Quando finirai i compiti ?
   – Li finirò alla fine di questo mese.

声に出して言ってみよう②　の答え

1. Quanti anni ha tuo padre ?
   – (Mio padre) Avrà cinquantadue anni.
2. Da dove viene Anna ? (Di dov'è Anna ?)
   – (Lei) Verrà da Torino. (Sarà di Torino.)
3. Che cosa fa la tua amica ?
   – (Lei) Lavorerà in un'agenzia turistica.

声に出して言ってみよう③　の答え

1. Che cosa ha comprato Maria ?
   – (Lei) Avrà comprato una sciarpa.
2. Dov'è andata Marta in queste vacanze ?
   – (Lei) Sarà andata in Grecia.
3. In che cosa si è laureato Paolo ?
   – (Lui) Si sarà laureato in storia della letteratura giapponese.

声に出して言ってみよう④　の答え

1. Dopo che avrò visto quel film, ti dirò la mia opinione.
2. Dopo che avrò finito i lavori di casa, uscirò.
3. Dopo che sarò tornato in Giappone, ceneremo insieme.

音声を聴いて答えよう！　の問いかけと答えの一例

1. Quando andrai in Italia la prossima volta ?
   – Ci andrò dopo che avrò finito il lavoro in Giappone.

   きみは次回，いつイタリアに行くのですか。
   – 私は日本での仕事を終えた後，行くでしょう。
2. Quando comincerai a vivere a Firenze ?
   – Ci comincerò a vivere l'anno prossimo.

   きみはいつ，フィレンツェで暮らし始めるのですか。
   – 私は来年，暮らし始めるでしょう。
3. Seguirai il corso di italiano a Firenze ?
   – Sì, lo seguirò da gennaio.

   きみはフィレンツェでイタリア語の講座を履修するのですか。
   – はい，私は 1 月からそれを履修するでしょう。

第 24 課

声に出して言ってみよう①　の答え

1. Maria, sei molto conosciuta in questa scuola.
2. Quel CD è molto ascoltato in Italia.
3. Quel romanzo è letto da molti giovani.
4. La lezione di quel professore è seguita da molti studenti.

声に出して言ってみよう②　の答え

1. Questo vino è stato prodotto a Montepulciano.
2. Questo libro è stato pubblicato l'anno scorso.
3. Questo affresco è stato dipinto da un pittore fiorentino.

声に出して言ってみよう③　の答え

1. Sei più alta di tua madre ?
   – Sì, sono più alta.
2. Secondo te quale vino è migliore ?
   – È migliore questo (vino).
3. Chi è il più alto in questa classe ?
   – Marco è il più alto.
4. Qual è il fiume più lungo del Giappone ?
   – Il fiume Shinano è il più lungo.

音声を聴いて答えよう！　の問いかけと答えの一例

1. I cartoni animati giapponesi sono seguiti anche in Italia ?
   – Sì, sono molto seguiti.

   日本のアニメはイタリアでも受け入れられているのですか。
   – はい，とても受け入れられています。
2. Quando è stato pubblicato questo vecchio libro ?
   – È stato pubblicato circa cento anni fa.

   この古い本はいつ出版されたのですか。
   – それは約 100 年前に出版されました。
3. Qual è il monte più alto del Giappone ?
   – È il monte Fuji.

   日本で一番高い山はどれですか。– 富士山です。

第 25 課

声に出して言ってみよう①　の答え

1. Quel libro che è stato molto venduto è molto divertente.
2. Prendiamo l'autobus che arriva fra poco.
3. Quella studentessa che studia seriamente l'italiano andrà in Italia l'anno prossimo.
4. Questo è un cartone animato che è stato molto seguito in Giappone.

声に出して言ってみよう②　の答え

1. Il vino che beviamo stasera è stato prodotto nel Chianti.
2. Il corso di letteratura italiana che seguiamo è molto interessante.
3. Non ricordo il nome della pizza che ho mangiato a Napoli.
4. Come si chiama la scuola che frequentavi a Firenze ?

声に出して言ってみよう③　の答え

1. Lo studente a cui insegno l'italiano è molto diligente.

2. Questa è la città in cui sono nati i miei genitori.
3. Il ristorante in cui andiamo spesso chiude a mezzanotte.
4. La studentessa la cui madre è una famosa attrice è molto bella.

音声を聴いて答えよう！　の問いかけと答えの一例

1. Chi vi insegna l'italiano ?
   – Ce lo insegna una ragazza italiana che studia letteratura giapponese.
   あなたがたにイタリア語を教えているのは誰ですか。
   – 私たちにそれを教えているのは，日本文学を勉強しているイタリア人の女性です。
2. Dove cenate a Firenze ?
   – Ceniamo in un ristorante in cui si possono mangiare i piatti locali.
   あなたがたはフィレンツェではどこで夕食をしますか。
   – 私たちは地元の料理が食べられるレストランで夕食をします。
3. Che vino Le piace di più ?
   – Mi piace il vino rosso Brunello di Montalcino che è stato prodotto nel 1990.
   あなたはどのワインがより好きですか。
   – 私は 1990 年に作られたブルネッロ・ディ・モンタルチーノの赤ワインが好きです。

第 26 課

声に出して言ってみよう①　の答え

1. Domani con la pioggia leggerei libri a casa.
2. Con quella professoressa studierei (l') italiano molto bene.
3. Senza di te non capirei le lezioni all'università.

声に出して言ってみよう②　の答え

1. Con questa pioggia rimarrei in casa tutto il giorno.
2. Potrebbe venire qui domani sera ?
3. Mi piacerebbe vivere in campagna in Toscana.
4. Sarebbe meglio tornare a casa subito.

声に出して言ってみよう③　の答え

1. Avrei voluto vedere l'"Ultima Cena" di Leonardo a Milano.
2. Sarei voluta andare alla Chiesa di San Francesco ad Assisi.
3. Con molti soldi avrei comprato una villa in campagna.

声に出して言ってみよう④　の答え

1. Mi hai detto che Paolo si sarebbe perso a Venezia.
2. Ti dicevo sempre che Maria sarebbe diventata ricca.
3. Il professore mi ha detto che avrei vinto quel premio.

音声を聴いて答えよう！　の問いかけと答えの一例

1. Che cosa vuoi fare in Italia ?
   – Vorrei visitare molti musei e molte chiese.
   きみはイタリアで何をしたいのですか。
   – 私はたくさんの美術館とたくさんの教会を訪れたいです。
2. Che cosa vuoi vedere ?
   – Vorrei vedere i capolavori rinascimentali.
   きみは何を見たいのですか。
   – 私はルネサンスの傑作を見たいです。
3. Ti piace l'arte italiana ?
   – Sì, mi piace molto. Mi piacerebbe studiare storia dell'arte a Firenze.
   きみはイタリア美術が好きなのですか。
   – はい，大好きです。私はフィレンツェで美術史を勉強したいと思っています。

第 27 課

声に出して言ってみよう①　の答え

1. Penso che quel treno arrivi con venti minuti di ritardo.
2. Penso che gli studenti chiacchierino troppo.
3. Penso che quel signore ci offra la cena domani sera.
4. Penso che Maria pulisca la sua camera molto bene.

声に出して言ってみよう② の答え

1. Mia moglie pensa che quel signore sia molto antipatico.
2. Credo che mio figlio mi dica la verità.
3. Speriamo che domani faccia bel tempo.
4. Non so se oggi quella studentessa venga a lezione.

声に出して言ってみよう③ の答え

1. Penso che Marco abbia regalato un mazzo di fiori ai suoi genitori.
2. Penso che Maria si sia alzata presto stamattina.
3. È possibile che quei bambini siano già tornati a casa.
4. È probabile che quello studente abbia superato quell'esame.

音声を聴いて答えよう！ の問いかけと答えの一例

1. Questo ombrello è tuo ?
   – No, non è mio. Penso che sia della mia amica.

   この傘はきみのですか。
   – いいえ，私のではありません。私の友人（女）のだと思います。

2. La tua amica viene da Tokyo ?
   – No, penso che (lei) venga da Osaka.

   きみの友人（女）は東京出身ですか。
   – いいえ，彼女は大阪出身だと思います。

3. Maria non è ancora arrivata ?
   – No, penso che (lei) si sia persa.

   マリーアはまだ到着していませんか。
   – はい，彼女は道に迷ったのだと思います。

第 28 課

声に出して言ってみよう① の答え

1. Pensavo che Paolo lavorasse in un ristorante giapponese.
2. Speravo che quella squadra vincesse la partita.
3. Era possibile che in montagna il tempo cambiasse.

声に出して言ってみよう② の答え

1. Speravo che i miei nonni stessero bene.
2. Mi sembrava (pareva) che quella zona fosse molto pericolosa.
3. Dubitavo che quel signore facesse il commerciante.

声に出して言ってみよう③ の答え

1. Pensavo che ti fossi laureato in Giappone.
2. Credevo che quel libro fosse stato già pubblicato.
3. Abbiamo giocato a calcio benché piovesse forte.

音声を聴いて答えよう！ の問いかけと答えの一例

1. Massimo viene da Torino.
   – Davvero ? Pensavo che lui fosse veneziano.

   マッシモはトリノ出身です。
   – 本当ですか。彼はヴェネツィア人だと思っていました。

2. Marco e Anna si sono lasciati.
   – Dici sul serio ? Speravo che si sposassero.

   マルコとアンナは別れました。
   – 本当ですか。彼らが結婚することを望んでいました。

3. Siete andati al mare domenica scorsa ?
   – Sì, ci siamo andati sebbene facesse brutto tempo.

   きみたちはこのあいだの日曜日，海に行きましたか。
   – はい，天気が悪かったにもかかわらず，行きました。

第 29 課

声に出して言ってみよう① の答え

1. Se vi sposate, sono molto felice.
2. Se io fossi molto ricco, viaggerei per tutto il mondo.
3. Se tu capissi il giapponese, potrei regalarti questo libro.

声に出して言ってみよう② の答え

1. Se tu avessi trovato un ragazzo italiano, parleresti meglio italiano.
2. Se io avessi visto quel film, potrei dirti la mia opinione.
3. Parli italiano come se fossi napoletano.

声に出して言ってみよう③　の答え

1. Se io non avessi conosciuto quel professore, non sarei andato a Roma.
2. Se gli studenti non avessero fatto i compiti, il professore si sarebbe arrabbiato.
3. Se Paolo avesse giocato bene, la nostra squadra avrebbe vinto la partita.

音声を聴いて答えよう！　の問いかけと答えの一例

1. Che cosa faresti se potessi prenderti un mese di vacanze ?
   – Vorrei frequentare una scuola di lingua italiana a Firenze.

   もしきみが１か月バカンスを取ることができるなら，何をしますか。
   – 私はフィレンツェでイタリア語の学校に通いたいです。

2. Che cosa mangeresti se potessi vivere a Firenze ?
   – Mangerei una bistecca alla fiorentina.

   もしきみがフィレンツェで生活できるなら，何を食べますか。
   – 私はフィレンツェ風ステーキを食べるでしょう。

3. Che cosa faresti se avessi venti anni ?
   – Vorrei fare il giro del mondo.

   もしきみが 20 歳であれば，何をしますか。
   – 私は世界旅行をしたいです。

第 30 課

声に出して言ってみよう①　の答え

1. Quei ragazzi arrivarono a Roma nel 1585.
2. Quel pittore ricevé (ricevette) 600 ducati in compenso per il lavoro.
3. La guerra del Pacifico finì nel 1945.
4. Quel libro fu pubblicato nel diciassettesimo secolo.

声に出して言ってみよう②　の答え

1. Leonardo nacque nel 1452 e morì nel 1519.
2. Dante scrisse la “Divina Commedia” all’inizio del quattordicesimo secolo.
3. Molti soldati giovani vollero tornare nel loro paese.
4. Quelle persone giunsero alla stessa conclusione.

声に出して言ってみよう③　の答え

1. Quel ragazzo diede una mano a una signora anziana.
2. Quel ministro bevve molto vino quella sera.
3. Leonardo disse che la pittura è superiore alla scultura.

声に出して言ってみよう④　の答え

1. Caravaggio andò a Napoli dopo che ebbe ucciso un uomo a Roma.
2. Quel pianista diventò famoso dopo che ebbe vinto quel concorso.
3. Mosè parlò con il faraone dopo che fu tornato in Egitto.

音声を聴いて答えよう！　の問いかけと答えの一例

1. Quando e dove nacque Raffaello ?
   – Nacque nel 1483 ad Urbino.

   ラファエロはいつ，どこで生まれましたか。
   – 彼は 1483 年にウルビーノで生まれました。

2. In che anno andò a Roma quel pittore ?
   – Ci andò nel 1508.

   その画家は何年にローマへ行ったのですか。
   – 1508 年にそこに行きました。

3. Chi gli chiese questi affreschi ?
   – Glieli chiese Papa Giulio secondo.

   誰がこのフレスコ画を彼に依頼したのですか。
   – 彼に（それらを）依頼したのは教皇ユリウス２世です。

索引

索引

A

B

C

D

E

F

G

H, I

L

Q

R

S

巻末付録

～文法のまとめ～

I　基本事項

1．名詞

	単数形		複数形	
男性名詞	**-o** **-e**	libro giornale	**-i** **-i**	libri giornali
女性名詞	**-a** **-e**	rivista lezione	**-e** **-i**	riviste lezioni

2．不定冠詞

	最初の文字	単数形	複数形
対男性名詞	子音 母音 s + 子音または z	**un** gelato **un** amico **uno** studente	**dei** gelati **degli** amici **degli** studenti
対女性名詞	子音 母音	**una** penna **un'**opera	**delle** penne **delle** opere

3．定冠詞

	最初の文字	単数形	複数形
対男性名詞	子音 母音 s + 子音または z	**il** gelato **l'**amico **lo** studente	**i** gelati **gli** amici **gli** studenti
対女性名詞	子音 母音	**la** penna **l'**opera	**le** penne **le** opere

4．形容詞

基本形		対男性名詞				対女性名詞			
		単数		複数		単数		複数	
-o	nero	-o	nero	-i	neri	-a	nera	-e	nere
-e	verde	-e	verde	-i	verdi	-e	verde	-i	verdi

5. 主な疑問詞・疑問詞句

che	何
chi	誰
come	どのように
dove	どこに
perché	なぜ
quale	どの
quando	いつ

quanto	どのくらい
che cosa	何
che ora	何時
a che ora	何時に
come mai	どうして
di dove	どこの
con chi	誰と

6. 基数

	0_	1_	2_
_0	zero (0)	dieci (10)	venti (20)
_1	uno (1)	undici (11)	ventuno (21)
_2	due (2)	dodici (12)	ventidue (22)
_3	tre (3)	tredici (13)	ventitré (23)
_4	quattro (4)	quattordici (14)	ventiquattro (24)
_5	cinque (5)	quindici (15)	venticinque (25)
_6	sei (6)	sedici (16)	ventisei (26)
_7	sette (7)	diciassette (17)	ventisette (27)
_8	otto (8)	diciotto (18)	ventotto (28)
_9	nove (9)	diciannove (19)	ventinove (29)

	_0	_00	_,000	_000,000
1_	dieci (10)	cento (100)	mille (千)	un milione (100 万)
2_	venti (20)	duecento (200)	duemila (2 千)	due milioni (200 万)
3_	trenta (30)	trecento (300)	tremila (3 千)	tre milioni (300 万)
4_	quaranta (40)	quattrocento (400)	quattromila (4 千)	quattro milioni (400 万)
5_	cinquanta (50)	cinquecento (500)	cinquemila (5 千)	cinque milioni (500 万)
6_	sessanta (60)	seicento (600)	seimila (6 千)	sei milioni (600 万)
7_	settanta (70)	settecento (700)	settemila (7 千)	sette milioni (700 万)
8_	ottanta (80)	ottocento (800)	ottomila (8 千)	otto milioni (800 万)
9_	novanta (90)	novecento (900)	novemila (9 千)	nove milioni (900 万)

7．序数

	0_		1_		2_	
_0	-		decimo	(10°)	ventesimo	(20°)
_1	primo	(1°)	undicesimo	(11°)	ventunesimo	(21°)
_2	secondo	(2°)	dodicesimo	(12°)	ventiduesimo	(22°)
_3	terzo	(3°)	tredicesimo	(13°)	ventitreesimo	(23°)
_4	quarto	(4°)	quattordicesimo	(14°)	ventiquattresimo	(24°)
_5	quinto	(5°)	quindicesimo	(15°)	venticinquesimo	(25°)
_6	sesto	(6°)	sedicesimo	(16°)	ventiseiesimo	(26°)
_7	settimo	(7°)	diciassettesimo	(17°)	ventisettesimo	(27°)
_8	ottavo	(8°)	diciottesimo	(18°)	ventottesimo	(28°)
_9	nono	(9°)	diciannovesimo	(19°)	ventinovesimo	(29°)

Ⅱ　動詞の過去分詞（不規則変化）

1．最重要動詞

開ける，開く	aprire	aperto
閉める，閉じる	chiudere	chiuso
知っている	conoscere	conosciuto
言う	dire	detto
～である	essere	stato
する	fare	fatto
読む	leggere	letto
取る	prendere	preso
書く	scrivere	scritto
見る，会う	vedere	visto
来る	venire	venuto

2．重要動詞

点灯する	accendere	acceso
飲む	bere	bevuto
頼む	chiedere	chiesto
走る	correre	corso
決める	decidere	deciso
置く	mettere	messo
死ぬ	morire	morto

生まれる	nascere	nato
提供する	offrire	offerto
失う，負ける	perdere	perso
泣く	piangere	pianto
とどまる	rimanere	rimasto
応える	rispondere	risposto
降りる，下る	scendere	sceso
消す	spegnere	spento
勝つ，勝ち取る	vincere	vinto
暮らす	vivere	vissuto

3．頻出動詞

修正する	correggere	corretto
議論する	discutere	discusso
到達する	giungere	giunto
隠す	nascondere	nascosto
壊す	rompere	rotto
選ぶ	scegliere	scelto
患う	soffrire	sofferto
起きる	succedere	successo
翻訳する	tradurre	tradotto
返す	rendere	reso
笑う	ridere	riso

Ⅲ　代名詞と所有形容詞

1．人称代名詞の主格

単数形			複数形		
1人称	私は	io	1人称	私たちは	noi
2人称	きみは	tu	2人称	きみたちは	voi
3人称	彼は 彼女は あなたは	lui lei Lei	3人称	彼らは 彼女たちは あなたがたは	loro loro Loro

2．人称代名詞（直接補語・間接補語）と再帰代名詞

	人称		直接補語「～を」	間接補語「～に」	再帰代名詞「～自身」
単数形	1人称	私	mi	mi	mi
	2人称	きみ	ti	ti	ti
	3人称	彼，それ	lo	gli	si
		彼女，それ	la	le	si
		あなた	La	Le	Si
複数形	1人称	私たち	ci	ci	ci
	2人称	きみたち	vi	vi	vi
	3人称	彼ら	li	gli	si
		彼女ら	le	gli	si
		あなたがた	Le	Gli	Si

3．人称代名詞の連結形

人称		それを		それらを	
		lo	la	li	le
私に	mi	me lo	me la	me li	me le
きみに	ti	te lo	te la	te li	te le
彼に	gli	glielo	gliela	glieli	gliele
彼女に	le	glielo	gliela	glieli	gliele
あなたに	Le	Glielo	Gliela	Glieli	Gliele
私たちに	ci	ce lo	ce la	ce li	ce le
きみたちに	vi	ve lo	ve la	ve li	ve le
彼らに	gli	glielo	gliela	glieli	gliele
彼女らに	gli	glielo	gliela	glieli	gliele
あなたがたに	Gli	Glielo	Gliela	Glieli	Gliele

4．所有形容詞

	人称		基本形	対単数名詞		対複数名詞	
				男性名詞	女性名詞	男性名詞	女性名詞
単数形	1人称	私の	mio	mio	mia	miei	mie
	2人称	きみの	tuo	tuo	tua	tuoi	tue
	3人称	彼の，彼女の	suo	suo	sua	suoi	sue
		あなたの	Suo	Suo	Sua	Suoi	Sue

複数形	1人称	私たちの	nostro	nostro	nostra	nostri	nostre
	2人称	きみたちの	vostro	vostro	vostra	vostri	vostre
	3人称	彼らの，彼女らの あなた方の	loro Loro	loro Loro	loro Loro	loro Loro	loro Loro

Ⅳ　覚えるための動詞活用表（直説法現在）

1．規則活用する動詞

	活用語尾	parlare	prendere	sentire	capire
io	-o	parlo	prendo	sento	capisco
tu	-i	parli	prendi	senti	capisci
lui lei Lei	-a -e	parla	prende	sente	capisce
noi	-iamo	parliamo	prendiamo	sentiamo	capiamo
voi	-ate -ete	parlate	prendete	sentite	capite
loro	-ano -ono	parlano	prendono	sentono	capiscono

2．不規則活用する最重要動詞

	essere	avere	andare	venire	fare
io	sono	ho	vado	vengo	faccio
tu	sei	hai	vai	vieni	fai
lui lei Lei	è	ha	va	viene	fa
noi	siamo	abbiamo	andiamo	veniamo	facciamo
voi	siete	avete	andate	venite	fate
loro	sono	hanno	vanno	vengono	fanno

	stare	dare	dire	uscire	bere
io	sto	do	dico	esco	bevo
tu	stai	dai	dici	esci	bevi
lui lei Lei	sta	dà	dice	esce	beve
noi	stiamo	diamo	diciamo	usciamo	beviamo
voi	state	date	dite	uscite	bevete
loro	stanno	diano	dicono	escono	bevono

3．準動詞の活用

	volere	potere	dovere	sapere
io	voglio	posso	devo	so
tu	vuoi	puoi	devi	sai
lui lei Lei	vuole	può	deve	sa
noi	vogliamo	possiamo	dobbiamo	sappiamo
voi	volete	potete	dovete	sapete
loro	vogliono	possono	devono	sanno

V 覚えるための動詞活用表（直説法現在・接続法現在・命令法）

1．規則活用する動詞

-are	直説法現在		接続法現在		命令法	
io	parlo	-o	parli	-i	-	-
tu	parli	-i	parli	-i	parla	-a
lui lei Lei	parla	-a	parli	-i	parli	-i
noi	parliamo	-iamo	parliamo	-iamo	parliamo	-iamo
voi	parlate	-ate	parliate	-iate	parlate	-ate
loro	parlano	-ano	parlino	-ino	parlino	-ino

-ere	直説法現在		接続法現在		命令法	
io	prendo	-o	prenda	-a	-	-
tu	prendi	-i	prenda	-a	prendi	-i
lui lei Lei	prende	-e	prenda	-a	prenda	-a
noi	prendiamo	-iamo	prendiamo	-iamo	prendiamo	-iamo
voi	prendete	-ete	prendiate	-iate	prendete	-ete
loro	prendono	-ono	prendano	-ano	prendano	-ano

-ire	直説法現在		接続法現在		命令法	
io	sento	-o	senta	-a	-	-
tu	senti	-i	senta	-a	senti	-i
lui lei Lei	sente	-e	senta	-a	senta	-a
noi	sentiamo	-iamo	sentiamo	-iamo	sentiamo	-iamo
voi	sentite	-ite	sentiate	-iate	sentite	-ite
loro	sentono	-ono	sentano	-ano	sentano	-ano

-ire(-isc)	直説法現在		接続法現在		命令法	
io	capisco	-isco	capisca	-isca	-	-
tu	capisci	-isci	capisca	-isca	capisci	-isci
lui lei Lei	capisce	-isce	capisca	-isca	capisca	-isca
noi	capiamo	-iamo	capiamo	-iamo	capiamo	-iamo
voi	capite	-ite	capiate	-iate	capite	-ite
loro	capiscono	-iscono	capiscano	-iscano	capiscano	-iscano

2．不規則活用する最重要動詞

	essere			avere		
	直説法現在	接続法現在	命令法	直説法現在	接続法現在	命令法
io	sono	sia	-	ho	abbia	-
tu	sei	sia	sii	hai	abbia	abbi
lui lei Lei	è	sia	sia	ha	abbia	abbia
noi	siamo	siamo	siamo	abbiamo	abbiamo	abbiamo
voi	siete	siate	siate	avete	abbiate	abbiate
loro	sono	siano	siano	hanno	abbiano	abbiano

	andare			venire		
	直説法現在	接続法現在	命令法	直説法現在	接続法現在	命令法
io	vado	vada	-	vengo	venga	-
tu	vai	vada	vai va’	vieni	venga	vieni
lui lei Lei	va	vada	vada	viene	venga	venga
noi	andiamo	andiamo	andiamo	veniamo	veniamo	veniamo
voi	andate	andiate	andate	venite	veniate	venite
loro	vanno	vadano	vadano	vengono	vengano	vengano

	fare			stare		
	直説法現在	接続法現在	命令法	直説法現在	接続法現在	命令法
io	faccio	faccia	-	sto	stia	-
tu	fai	faccia	fai fa’	stai	stia	sta’
lui lei Lei	fa	faccia	faccia	sta	stia	stia
noi	facciamo	facciamo	facciamo	stiamo	stiamo	stiamo
voi	fate	facciate	fate	state	stiate	state
loro	fanno	facciano	facciano	stanno	stiano	stiano

	dare			dire		
	直説法現在	接続法現在	命令法	直説法現在	接続法現在	命令法
io	do	dia	-	dico	dica	-
tu	dai	dia	dai, da’	dici	dica	dì
lui lei Lei	dà	dia	dia	dice	dica	dica
noi	diamo	diamo	diamo	diamo	diciamo	diciamo
voi	date	diate	date	dite	diciate	dite
loro	diano	diano	diano	dicono	dicano	dicano

3．準動詞の活用

	volere			potere		
	直説法現在	接続法現在	命令法	直説法現在	接続法現在	命令法
io	voglio	voglia	-	posso	possa	-
tu	vuoi	voglia	vogli	puoi	possa	-
lui lei Lei	vuole	voglia	voglia	può	possa	-
noi	vogliamo	vogliamo	vogliamo	possiamo	possiamo	-
voi	volete	vogliate	vogliate	potete	possiate	-
loro	vogliono	vogliano	vogliano	possono	possano	-

	dovere			sapere		
	直説法現在	接続法現在	命令法	直説法現在	接続法現在	命令法
io	devo	deva, debba	-	so	sappia	-
tu	devi	deva, debba	-	sai	sappia	sappi
lui lei Lei	deve	deva, debba	-	sa	sappia	sappia
noi	dobbiamo	dobbiamo	-	sappiamo	sappiamo	sappiamo
voi	dovete	dobbiate	-	sapete	sappiate	sappiate
loro	devono	devano, debbano	-	sanno	sappiano	sappiano

Ⅵ 覚えるための動詞活用表（直説法未来・条件法現在）

1．規則活用する動詞

-are	直説法未来		条件法現在	
io	parlerò	-erò	parlerei	-erei
tu	parlerai	-erai	parleresti	-eresti
lui lei Lei	parlerà	-erà	parlerebbe	-erebbe
noi	parleremo	-eremo	parleremmo	-eremmo
voi	parlerete	-erete	parlereste	-ereste
loro	parleranno	-eranno	parlerebbero	-erebbero

-ere	直説法未来		条件法現在	
io	prenderò	-erò	prenderei	-erei
tu	prenderai	-erai	prenderesti	-eresti
lui lei Lei	prenderà	-erà	prenderebbe	-erebbe
noi	prenderemo	-eremo	prenderemmo	-eremmo
voi	prenderete	-erete	prendereste	-ereste
loro	prenderanno	-eranno	prenderebbero	-erebbero

-ire	直説法未来		条件法現在	
io	sentirò	-irò	sentirei	-irei
tu	sentirai	-irai	sentiresti	-iresti
lui lei Lei	sentirà	-irà	sentirebbe	-irebbe
noi	sentiremo	-iremo	sentiremmo	-iremmo
voi	sentirete	-irete	sentireste	-ireste
loro	sentiranno	-iranno	sentirebbero	-irebbero

2．不規則活用する最重要動詞

	essere		avere	
	直説法未来	条件法現在	直説法未来	条件法現在
io	sarò	sarei	avrò	avrei
tu	sarai	saresti	avrai	avresti
lui lei Lei	sarà	sarebbe	avrà	avrebbe
noi	saremo	saremmo	avremo	avremmo
voi	sarete	sareste	avrete	avreste
loro	saranno	sarebbero	avranno	avrebbero

	fare		stare	
	直説法未来	条件法現在	直説法未来	条件法現在
io	farò	farei	starò	starei
tu	farai	faresti	starai	staresti
lui lei Lei	farà	farebbe	starà	starebbe
noi	faremo	faremmo	staremo	staremmo
voi	farete	fareste	starete	stareste
loro	faranno	farebbero	staranno	starebbero

	andare		potere	
	直説法未来	条件法現在	直説法未来	条件法現在
io	andrò	andrei	potrò	potrei
tu	andrai	andresti	potrai	potresti
lui lei Lei	andrà	andrebbe	potrà	potrebbe
noi	andremo	andremmo	potremo	potremmo
voi	andrete	andreste	potrete	potreste
loro	andranno	andrebbero	potranno	potrebbero

	venire		volere	
	直説法未来	条件法現在	直説法未来	条件法現在
io	verrò	verrei	vorrò	vorrei
tu	verrai	verresti	vorrai	vorresti
lui lei Lei	verrà	verrebbe	vorrà	vorrebbe
noi	verremo	verremmo	vorremo	vorremmo
voi	verrete	verreste	vorrete	vorreste
loro	verranno	verrebbero	vorranno	vorrebbero

VII 覚えるための動詞活用表（直説法半過去・接続法半過去）

1．規則活用する動詞

-are	直説法半過去		接続法半過去	
io	parlavo	-avo	parlassi	-assi
tu	parlavi	-avi	parlassi	-assi
lui lei Lei	parlava	-ava	parlasse	-asse
noi	parlavamo	-avamo	parlassimo	-assimo
voi	parlavate	-avate	parlaste	-aste
loro	parlavano	-avano	parlassero	-assero

-ere	直説法半過去		接続法半過去	
io	prendevo	-evo	prendessi	-essi
tu	prendevi	-evi	prendessi	-essi
lui lei Lei	prendeva	-eva	prendesse	-esse
noi	prendevamo	-evamo	prendessimo	-essimo
voi	prendevate	-evate	prendeste	-este
loro	prendevano	-evano	prendessero	-essero

-ire	直説法半過去		接続法半過去	
io	sentivo	-ivo	sentissi	-issi
tu	sentivi	-ivi	sentissi	-issi
lui lei Lei	sentiva	-iva	sentisse	-isse
noi	sentivamo	-ivamo	sentissimo	-issimo
voi	sentivate	-ivate	sentiste	-iste
loro	sentivano	-ivano	sentissero	-issero

2．不規則活用する最重要動詞

	essere		avere	
	直説法半過去	接続法半過去	直説法半過去	接続法半過去
io	ero	fossi	avevo	avessi
tu	eri	fossi	avevi	avessi
lui lei Lei	era	fosse	aveva	avesse
noi	eravamo	fossimo	avevamo	avessimo
voi	eravate	foste	avevate	aveste
loro	erano	fossero	avevano	avessero

	fare		dire	
	直説法半過去	接続法半過去	直説法半過去	接続法半過去
io	facevo	facessi	dicevo	dicessi
tu	facevi	facessi	dicevi	dicessi
lui lei Lei	faceva	facesse	diceva	dicesse
noi	facevamo	facessimo	dicevamo	dicessimo
voi	facevate	faceste	dicevate	diceste
loro	facevano	facessero	dicevano	dicessero

	bere		porre	
	直説法半過去	接続法半過去	直説法半過去	接続法半過去
io	bevevo	bevessi	ponevo	ponessi
tu	bevevi	bevessi	ponevi	ponessi
lui lei Lei	beveva	bevesse	poneva	ponesse
noi	bevevamo	bevessimo	ponevamo	ponessimo
voi	bevevate	beveste	ponevate	poneste
loro	bevevano	bevessero	ponevano	ponessero

松浦 弘明（まつうら・ひろあき）

多摩美術大学教授（イタリア中世・ルネサンス美術専攻）。東京藝術大学美術学部芸術学科を卒業後，イタリア政府給費留学生としてフィレンツェ大学へ留学。帰国後，東京藝術大学大学院博士後期課程を満期退学。大学以外でも日伊協会，朝日カルチャーセンター，NHK 文化センターなどで西洋美術史とイタリア語の講座を担当。また 2001 年から 2006 年にかけて，NHK ラジオ「イタリア語講座入門編」「イタリア語講座応用編」の講師も務める。

主要著書・論文に，『イタリア・ルネサンス美術館』（東京堂出版），『図説 イタリア・ルネサンス美術史』（河出書房新社），『システィーナ礼拝堂を読む』（共著，河出書房新社），『ラファエロ　作品と時代を読む』（共著，河出書房新社），『彫刻の解剖学』『祭壇画の解体学』（以上，共著，ありな書房），『レオナルド・ダ・ヴィンチの世界』（共著，東京堂出版），"Per una rilettura dei mosaici della Scarsella del Battistero fiorentino : Lo stato di conservazione"，(*Arte Medievale*, 1992, Roma)，『KATSUHIKO HIBINO』（小学館）など，訳書に『レオナルド・ダ・ヴィンチの生涯　飛翔する精神の軌跡』（共訳，白水社），『マザッチョ』（東京書籍）などがある。

これ一冊で！基礎を固める

快速マスターイタリア語［新装版］

2013 年 10 月 15 日　初版第 1 刷発行
2023 年 3 月 20 日　新装版第 1 刷発行

著　者　松浦 弘明
制　作　ツディブックス株式会社
発行者　田中 稔
発行所　株式会社 語研
〒 101-0064
東京都千代田区神田猿楽町 2-7-17
電　話 03-3291-3986
ファクス 03-3291-6749
組　版　ツディブックス株式会社
印刷・製本　倉敷印刷株式会社

ISBN978-4-87615-392-3 C0087
書名　カイソク マスター イタリアゴ シンソウバン
著者　マツウラ ヒロアキ

定価はカバーに表示してあります。
乱丁本，落丁本はお取り替えいたします。
株式会社語研

語研ホームページ https://www.goken-net.co.jp/

本書の感想は
スマホから ↓